JN087215

図解
SDGs
Sustainable
Development
Goals

入門

Sustainable Development Goals

村上 芽 [著]
Megumu Murakami

日本経済新聞出版

はじめに

　SDGs（Sustainable Development Goals, 持続可能な開発目標）は、全世界196カ国、約75億人に共通の目標です。2030年に17個の目標を達成することは、人類のこれからの豊かさにとって非常に重要な通過点です。
　75億分の1として、それに興味を持った人、自分ができることを探している人、すべきことをしようと行動を始めた人も、少なからずいると思います。

　私は、『日経文庫 SDGs入門』（日本経済新聞出版、2019年、共著）や『SDGsの教科書』（日経BP、2018年、共著）を出版してから、そのような方と話す機会が増えました。
　これら2冊は「ビジネスでSDGsに貢献する」ことを意識して書きました。
　本当に多くの企業や自治体、大学などが、「SDGsの達成に自分たちも何かしないといけない。具体的にはどうしたらよいだろう」ということを考えています。そのヒントとして、手に取ってくださった方も多いと思います。

　実際、SDGsを達成して、あなたから後に続く世代に希望のある世界を引き継いでいくためには、あらゆる人が、仕事や生活を通じて行動しないと厳しいです。
　多くの方と話すことを通じて、ますます強く感じるのは、「一人ひとりが課題に気づき、その中身に興味を持ち、知ろうとすること、そして動くこと」の大切さです。ここで大事なのは、社長に言われたからだとか、お客さんに言われたからだとか、先生に言われたからだとか、身近な人の関心に合わせることではありません。

　私もそうですが、日本で暮らしていると、周りの迷惑にならないようにすること、

という暗黙のルールが非常に大事です。それは日本社会のよさでもあり、ときに息苦しさでもありますが、海外からみても、こんな島国でたくさんの人が暮らしていくためには、それが大事なスキルなのだろうと見えるようです。

　また、「上の人が言っているから、その期待に応え、しっかり対応しよう」と考え、きっちりやり遂げることは非常に大切です。どんな決まりでも、それをみんながきちんと守ろうとしないと意味がないことは、2020年の新型コロナウイルス感染症対策の経験を通じていやというほど分かったと思います。

　けれども、「合わせる」だけではダメなのです。「みんなそうしているから」という行動ばかりしていると、社会はいっこうによくなりません。例えば、優秀な高校生が、女性だからという理由で望んでいる医学部に入れなかったという事件は、明治時代の話ではなく、21世紀の日本で起きたことです。より豊かな社会を目指すのに、本当にこれでよいのか？　と気づき、従来のやり方をもっと早く見直しておくべきでした。

　そこで、この本では、「ビジネスでSDGsに貢献する」という視点からはいったん離れ、まず、世の中いったいどうなっているのか、ということについて調べています。私はシンクタンクで研究員の仕事をしていますが、私もふだんの仕事からは離れ、一個人として「どうなっているの？」という問いを立てるところから始めました。

　現状に気づき、その中身に興味が湧けば、自然とやる気も出てきます。8つの分野で65の視点から問いを集めましたが、この本を手に取ってくださったあなた

にとっても、「どうなっているの?」と思うところが一つでもあればうれしいです。どのページから開いていただいても、グラフや表で数字を並べています。これらはすべて、少し手をのばしてみれば届くところにあるものです。

　最近は、小中高生、大学生のみなさんでも、SDGsについて学ぶ機会が増えているでしょう。本やインターネットで調べものをすることも、学校で習ってきたと思います。それを使えば簡単に、日本や世界がどうなっているのかを知ることができるのです。

　さて、SDGsには17の目標、169のターゲットに加え、232の指標も定められています。指標はその進捗状況をみて、上位の目標まで近づいているかどうかを推し量るためのものです。ただ232あるといっても、国レベルでも把握できていないものもあります。ましてや一人ひとりの生活からはだいぶ遠くにあります。

　そこで、65の切り口は、なるべく身近なところから想像しやすく、めぐりめぐってどれかのターゲットや指標に行き着くということを意識して選びました。

　サステナビリティとは、誰もが今日は昨日よりよかった、明日はもっとよい一日になると思って過ごせることなのではないかと思います。その現状を測るための切り口について、私の案はこうですが、この本を手に取っていただいたみなさんには、ぜひ自分だったらここに興味がある、こんな見方をしてみよう、ということを考えていただきたいと思います。

もくじ

第**3**章

どこまで続く？ 健康・長寿

第**6**章 # お金はどうやって使えばいい？

第**7**章 # 世界平和はどうして必要なのか

第8章 これからの社会で必要とされる人作り

日本は本当に
豊かな国なのか?

第**1**章 | 解　説

　SDGsの特徴は、先進国も途上国も問わない全世界共通のものだ、ということです。

　ところで先進国って何が"先進"なのか、知っていますか。それは、経済的に発展しているかどうか、つまり一人当たりの国民所得で決まります。

　OECD（経済協力開発機構）という国際機関があり、"先進国クラブ"とも呼ばれています。このOECDと、世界銀行の定義をあわせて読んでみると、先進国、すなわち「高所得国」の基準は、直近では一人当たり12,536ドル以上の国民所得（2019年時点）があること、となっています。日本は41,690ドルなので[i]、余裕で高所得国のグループに入っているわけです。

　自分が生まれてきた国がお金持ちであることは、幸運だと言えます。なぜなら、その方が衣食住に足りやすく、病気にもかかりにくく、病気になってもお医者さんに診てもらえ、働かずに勉強できるチャンスが多いなど、生活の水準が楽になりやすいからです。

　SDGsが書いてある国連の「我々の世界を変革する：持続可能な開発のための2030アジェンダ」という文書では、冒頭に、「人間（People）」「地球（Planet）」「繁栄（Prosperity）」「平和（Peace）」「パートナーシップ（Partnership）」の5つのPが重要だとあります。

　第1章は、ここでいう「繁栄」って何だろうというところから始めていきたいと思います。そもそも「繁栄」なんて言葉をふだんはあまり使わないでしょうが、勢いがあって栄えている街や地域、企業、一族などが思い浮かぶでしょうか。

日本が、所得の面から「先進国」であることははっきりしていますが、果たして"繁栄"しているでしょうか。私たちは、お金持ちで豊かな国に生まれてきたんだ、と教えられて大きくなっていると思いますが、どんなふうに豊かな国なのでしょうか。

　こんな順で視点を膨らませてゆきましょう。

●まずは基本情報。日本の経済の大きさはどのくらいなのでしょう。国全体でみたときと、一人当たりでみたときに、何か大きく変わることはあるのでしょうか（1-1へ）。

●経済大国とは言いつつも、天然資源には恵まれていない「資源小国」だとか、材料を輸入して加工して製品を輸出する「製造業中心の貿易立国」だとか、聞いたこともありますね。ただ最近は、海外に工場を持つ製造業も多いです。実際、どのくらいのモノを買って、使っているのでしょう（1-2へ）。

●日本の特徴は、面積の狭い島国のわりに人口が多い、というふうにも習ってきました。人口がぎゅっと密に詰まってよいこととそうではないこと、それについて少しみてみましょう（1-3へ）。

●最近では「観光立国」と言うなど、観光をテコに経済を成長させようという話も盛り上がっていました。新型コロナウイルスで外国人観光客は激減してしまいましたが、本来の魅力があれば、今まで通りではないにしても光明がみえてくるのかもしれません。成熟した国やまちほど「文化都市」などと言われることがあります。では、そういう魅力づくりにどのくらいのお金が使われているのでしょうか（1-4へ）。

●日本が高所得国だといっても、国内の格差が拡大しているという話もよく耳にしま

第1章 | 解　説

す。格差とはどのくらいのことなのか把握し、また、なぜ、格差が埋まらないのかという謎に少しだけ迫ってみましょう(1-5へ)。

●豊かさと貧しさの話の続きとして、家計の内訳をみてみましょう。ここでは、個人の収入の大小と、光熱費の関係を探ってみます(1-6へ)。

●豊かさについて考えるとき、民間企業では、現状や将来性を「財務」と「非財務」という両側面で考えることが増えてきています。お金で表せる「財務情報」と、お金以外の単位で表せる「非財務情報」ということですが、非財務情報には環境(E)・社会(S)・ガバナンス(G)のESG情報が含まれています。ESGを、企業単位ではなく、国単位でみてみるとどんなことが分かるでしょう。また、SDGsについても、達成度合に関する国別の順位が毎年つけられています。そこから何が分かるでしょうか(1-7へ)。

i 世界銀行のデータより。出所：https://data.worldbank.org/indicator/NY.GNP.PCAP.CD?locations=XD
ii SDGsのターゲットと指標については、総務省のサイトに仮訳されたものがあり、エクセルでダウンロードすることもできます。
本書では一部漢字表記をのぞき、2019年8月時点の訳を用います。
https://www.soumu.go.jp/toukei_toukatsu/index/kokusai/02toukatsu01_04000212.html

第1章で扱う指標	169のターゲット	指標（総務省仮訳）
1-1 一人当たりGDP	**8.1**　各国の状況に応じて、一人当たり経済成長率を持続させる。特に後発開発途上国は少なくとも年率7％の成長率を達成する。	**8.1.1**　一人当たりの実質GDPの年間成長率
	8.2　高付加価値セクターや労働集約型セクターに重点を置くことなどにより、多様化、技術向上及びイノベーションを通じた高いレベルの経済生産性を達成する。	**8.2.1**　就業者一人当たりの実質GDPの年間成長率
1-2 日本の物質フロー	**8.4**　2030年までに、世界の消費と生産における資源効率を漸進的に改善させ、先進国主導のもと、持続可能な消費と生産に関する10年計画枠組みに従い、経済成長と環境悪化の分断を図る。	**8.4.1／12.2.1**　マテリアルフットプリント（MF）、一人当たりMF及びGDP当たりのMF
	12.2　2030年までに天然資源の持続可能な管理及び効率的な利用を達成する。	**8.4.2／12.2.2**　天然資源等消費量（DMC）、一人当たりのDMC及びGDP当たりのDMC
1-3 公共交通の利用	**11.2**　2030年までに、脆弱な立場にある人々、女性、子供、障害者及び高齢者のニーズに特に配慮し、公共交通機関の拡大などを通じた交通の安全性改善により、全ての人々に、安全かつ安価で容易に利用できる、持続可能な輸送システムへのアクセスを提供する。	**11.2.1**　公共交通機関へ容易にアクセスできる人口の割合（性別、年齢、障害者別）
1-4 文化への投資	**11.4**　世界の文化遺産及び自然遺産の保護・保全の努力を強化する。	**11.4.1**　全ての文化及び自然遺産の保全、保護及び保存における総支出額（公的部門、民間部門）〔遺産のタイプ別〔文化、自然、混合、世界遺産に登録されているもの〕、政府レベル別〔国、地域、地方、市〕、支出タイプ別〔営業費、投資〕、民間資金のタイプ別〔寄付、非営利部門、後援〕〕
1-5 所得格差 **1-6** 光熱費負担	**1.2**　2030年までに、各国定義によるあらゆる次元の貧困状態にある、全ての年齢の男性、女性、子供の割合を半減させる。	**1.2.1**　各国の貧困ラインを下回って生活している人口の割合（性別、年齢別）
		1.2.2　各国の定義に基づき、あらゆる次元で貧困ラインを下回って生活している男性、女性及び子供の割合（全年齢）
	10.1　2030年までに、各国の所得下位40％の所得成長率について、国内平均を上回る数値を漸進的に達成し、持続させる。	**10.1.1**　一人当たりの家計支出又は所得の成長率（人口の下位40％のもの、総人口のもの）
	10.2　2030年までに、年齢、性別、障害、人種、民族、出自、宗教、あるいは経済的地位その他の状況に関わりなく、全ての人々の能力強化及び社会的、経済的及び政治的な包含を促進する。	**10.2.1**　中位所得の半分未満で生活する人口の割合（年齢、性別、障害者別）
1-7 ESGデータ	**17.18**　2020年までに、後発開発途上国及び小島嶼開発途上国を含む開発途上国に対する能力構築支援を強化し、所得、性別、年齢、人種、民族、居住資格、障害、地理的位置及びその他各国事情に関連する特性別の質が高く、タイムリーかつ信頼性のある非集計型データの入手可能性を向上させる。	**17.18.1**　公的統計の基本原則に従い、ターゲットに関する場合に、各国レベルで完全に詳細集計されて作成されたSDG指標の割合

人口が少なくても稼いでいる国はたくさんある

人口が減る国で生き残ることはできるの？

　日本は2010年から人口減少期に突入しました。生まれてくる人の数よりも亡くなる人の数が多いことによる、自然減が始まったのです。

　そのずっと前から、「少子高齢化で国内市場はこれ以上伸びない。国内にいるだけでは我が社の成長は見込みにくいので、海外に出ていくしかない。これからは、人口が増え、経済成長の著しいアジアだ」という考えでアジアに進出した企業は、製造業にもそれ以外（小売業など）にもたくさんありました。たくさんモノが売れるところで作ったり、店を出したりしよう、という明快な発想ですね。

　そういう話を聞いて、「じゃあ、私も海外に出てがんばってみよう」と考える人もいれば、「なんだか国内は縮むばかりにみられて、つまらないなあ」と考える人もいるでしょう。ここでは、「数が減ったって、やり方によってはつまらなくなるとは限らない」ことをしっかり把握しておきたいと思います。

　さっそく、「市場の大きさ」をみてみましょう。よく使われる指標がGDP（国内総生産）です。GDPは、簡単に言うと1年間にある国の中で使われたお金の総額のことを指します。「生産」とついていますが、モノに限らずサービスも対象になります。

　上のグラフに、19年にGDPが1兆ドルを超えた16カ国を並べてみました。「日本はアメリカ、中国に次ぐ第3位の経済大国」というフレーズがよくありますが、かなり差がついての3位であることが分かります。

「一人当たり」の成長を考えよう

　これを一人当たりの金額に直したのが下のグラフです。

　一人当たりのGDPが高い国々の顔ぶれを上からざっと見ると、欧州やアジアの、比較的小さい国や地域が並んでいます。裕福なイメージの国が多いですね。

　一人当たりGDPにすると、アメリカが1位から8位、中国は2位から67位、日本は3位から26位と、GDP総額ベスト3がいずれも順位を落としました。この3カ国は、アメリカ3位、中国1位、日本10位と、人口の多い国々です。GDPが大きいことが「国内市場が大きいから」という理由である程度、説明できそうな気がしますね。国内市場の大きい新興国がどんどん成長していることは確かですが、日本がそこに規模で負けまいとすることは、人口の動きからしてあり得ません。「日本は経済大国」だとなんとなく思ってしまいがちですが、一人ひとりはそうでもないわけですから、これからはみなが豊かになるにはどうするか、知恵を絞る時だと言えます。

GDP（国内総生産）が1兆ドル以上の16カ国

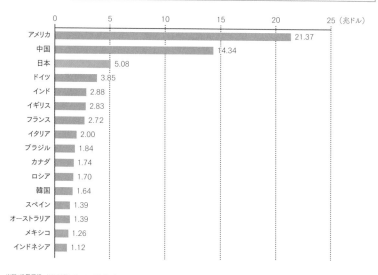

出所：世界銀行　World Development Indicators

一人当たりGDPの大きい国と地域

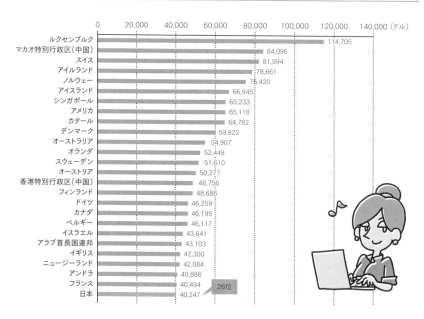

出所：世界銀行　World Development Indicators　（2019年のデータのある国と地域）

世界中からモノを買ってどうしている？

増える輸入資源への依存

　食べるものも着るものも、私たちは外国からたくさん輸入しており、食料は63％、衣類は90％以上と言われています。日本のモノ全体でみたらどうなっているでしょうか。日本全体としてのモノの流れを「物質フロー」といい、重さで測ります。

　大まかに言うと、「国内の資源＋輸入した資源＋輸入した製品」がフローの入口にあり、「エネルギーとして消費＋食べて消費＋建築物や製品として蓄積＋輸出＋廃棄」が出口にあります。リサイクルなどで再び使えるようになった資源（循環利用量）も、入口の一つです。

　上のグラフが入口、下のグラフが出口の約25年間の推移です。パッと見て、入口では「国内資源量」、出口では「蓄積純増量」が大きく減り、2008年頃から落ち着いています。入口では、07年に国内資源量より資源輸入量が多くなり、以後ずっと、その状態が続いています。循環利用量もじわじわ増えているとはいえ、国全体として、輸入資源に頼る度合いが増していることが分かります。

さほど進んでいない資源の有効活用

　「資源輸入量」というと、2011年の東日本大震災の後、原発が停止したために、火力発電を増やす目的で化石燃料の輸入が急増しました。しかし全体のグラフの傾向は、その何年も前から大して変わりません。09年のリーマンショック（金融危機）時の落ち込みが大きかったことが分かります。

　出口で減った「蓄積純増量」は、日本全体にあるモノの量（ストック）ではなく、その変化幅（増えた分）を示しています。新設の住宅着工件数が1999年から2008年までのあいだだけでも約15％減ったことなどが影響していると考えられます。廃棄物の発生量はゆっくり減っていますが、「入口」全部に比べるとずっと20％弱で推移し大きな変化はありません。

　つまり日本のモノの流れ全体をみると、建築物や製品はすでにたくさんあるのであまり増やさなくなったこと、日々消費される食料やエネルギーを輸入に頼っていること、資源の有効活用はさほど進んでいないことが読み取れます。このバランスがこれからも続くのか、日々の消費を輸入に頼り続けることができるのか、そのためにはどうしたらよいのか。考えることはたくさんあります。

1-2-1 日本の物質フロー

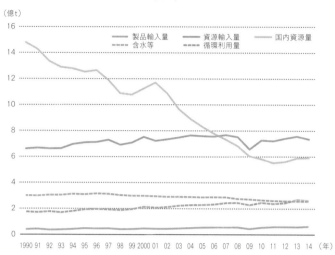

（入口）

（億t）

製品輸入量　　資源輸入量　　国内資源量
含水等　　循環利用量

1990 91 92 93 94 95 96 97 98 99 2000 01 02 03 04 05 06 07 08 09 10 11 12 13 14 （年）

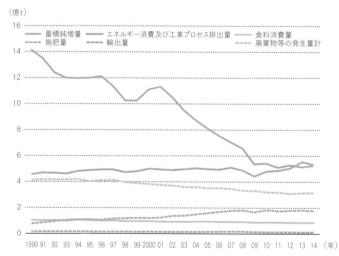

（出口）

（億t）

蓄積純増量　　エネルギー消費及び工業プロセス排出量　　食料消費量
施肥量　　輸出量　　廃棄物等の発生量計

1990 91 92 93 94 95 96 97 98 99 2000 01 02 03 04 05 06 07 08 09 10 11 12 13 14 （年）

出所：環境省　環境統計集平成29年度版

1-3　狭い国でひしめき合っているからできたこと

人口密度が1,000人を超えた6カ国

　世界全体の人口は増えていて、陸の面積は基本的に変わらない（火山島の噴火などによる変化はありますが）ので、世界全体の人口密度（面積当たりの人口）は上がり続けています。2018年は、59.6人/km^2、つまり、1km四方の中に約60人が住んでいることになります。上のグラフではまず、国単位でみたときに人口密度が1,000人を超えた6カ国を並べています。シンガポールが突出しており、バングラデシュを除くと島国が並んでいます。

　日本は国土全体でみると347人と、世界全体と比較すると6倍近いです。中国のマカオと香港、それに、国内の3都府県を比べると、東京はシンガポールや香港よりもやや少ないです。肌感覚として、どうでしょうか。これは都道府県別のデータのため、東京都といっても丘陵地帯や島々も含みます。23区だけでみれば1.5万人を超しますが、どこで線を引くか、何と比較するかが少し難しいですね。ちなみに世界で最も人口密度の高い都市は、バングラデシュの首都ダッカと言われています。

「密」と「満足度」をどう捉えるか

　さて、人口密度が高い・低いには、どのようなメリットとデメリットがあるでしょうか。公共交通機関（電車、バスなど）で考えてみましょう。都市の住みやすさを決める要素の一つに交通網の充実や移動しやすさがあります。どこに住みたいか考えるとすれば、駅近かどうかや、自転車で走りやすいかなどを考えるでしょう。

　電車やバス事業を営むには、一定以上の乗客がいなくてはなりません。そのため、公共交通が発達するためには、ある程度人口密度が高く、乗ってくれそうな人がたくさんいることが重要になります。住民の立場からみると、電車やバスに乗ることさえできれば、自分で移動手段を持たなくても遠くまで簡単に行け、学校や仕事の選択肢が広がります。

　ところが、乗客が増えすぎると、今度は電車やバスが混みすぎてしまいます。そうなると、乗ることが快適ではなくなり、満足度は下がってしまいます。逆に、人口減少の進む地方を中心に、電車やバスの路線が廃止されるなどして交通手段を失う人が出て、大きな課題になっています。下のグラフのように、公共交通に対する満足度について各国の世論調査結果を基に比較してみると、日本の結果が今ひとつ低い理由は、都会にしても地方にしても、「ちょうどよくない」ところにあるのかもしれません。

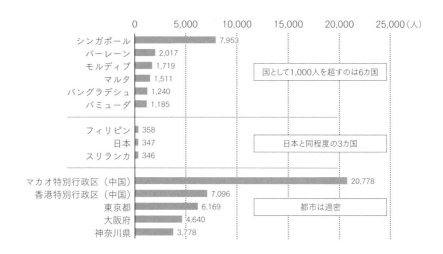

国として1,000人を超すのは6カ国

日本と同程度の3カ国

都市は過密

出所：世界銀行　Population density (people per sq. km of land area)

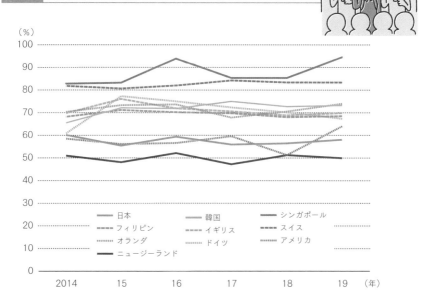

出所：SDSN　Database for Sustainable Development Report 2020

1-4 文化、芸術、世界遺産への投資

日本の「すぐれた文化や芸術」はどんなものか

　2019年度に実施された「社会意識に関する世論調査」によると、日本の国や国民について誇りに思うところとして、「すぐれた文化や芸術」を挙げた人は47.6％となりました（最も多かったのは「治安のよさ」で56.4％）。では、この「すぐれた文化や芸術」は、どのように測ることができるでしょうか。「世界遺産の数」で考えてみると、2020年11月時点で、世界に全部で1,121カ所登録されています。日本には上の表の通り、文化遺産が19、自然遺産が4、合計23あります。

　世界遺産に登録されるには、まず国の推薦を受け、UNESCOなど国際機関でのいくつもの手続きを経る必要があります。そのため、時間をかけてでも基準をクリアしてその仲間入りができれば、国際的なお墨付きを得られて知名度が上がります。そうすれば、遺産を守るための活動をしやすくなり、観光業などが発展することも期待できます。例えば富士山の場合、登録直後の観光客増による経済効果（静岡県側）61億円に加え、すぐにおカネになるかは分からない誇りなどを含めた非経済効果が104億円分の景観価値として評価されました[i]。

文化を維持し、守るためにはいくら必要？

　ただ、まとまった効果検証は多くの地域でこれからのようですし、維持するための費用といった課題も出てきています。さて、世界遺産に至らずとも、地域には様々な文化があります。私たちはそれにどのくらい投資しているのでしょうか。

　文化庁の調べによると、日本での文化への支出は、国と自治体を合わせて5,523億円です。文化庁の年間予算と、都道府県・市町村の文化関係の経費（芸術文化のための施設整備やイベント支援、重要文化財等の保護など）を合わせた金額です。これは多いでしょうか？　グラフでみてみましょう。総額でみるとイギリスとほぼ同じですが、一人当たりでは日本は半分くらいです。アメリカは非常に少なくみえますが、これは、文化・芸術活動の多くが民間の寄付によって成り立っているからと言われます。ドイツは地方政府の割合が大きいところ、フランスや韓国は一人当たりの金額が大きいところが特徴です。

　日本では、美術、音楽、演劇、映画、文学、芸能、華道や書道、囲碁や将棋も、文化や芸術の対象です。単純な国際比較は難しいことを理解したうえで、大事なものにきちんと投資が行われているか、チェックする目を持たなくてはなりません。

1-4-1　日本にある世界遺産

1	1993年	法隆寺地域の仏教建造物(奈良県)
2	1993年	姫路城(兵庫県)
3	1993年	屋久島(鹿児島県)＊
4	1993年	白神山地(青森県、秋田県)＊
5	1994年	古都京都の文化財(京都府、滋賀県)
6	1995年	白川郷・五箇山の合掌造り集落(岐阜県、富山県)
7	1996年	原爆ドーム(広島県)
8	1996年	厳島神社(広島県)
9	1998年	古都奈良の文化財(奈良県)
10	1999年	日光の社寺(栃木県)
11	2000年	琉球王国のグスク及び関連遺産群(沖縄県)
12	2004年	紀伊山地の霊場と参詣道(三重県、奈良県、和歌山県)
13	2005年	知床(北海道)＊
14	2007年	石見銀山遺跡とその文化的景観(島根県)
15	2011年	小笠原諸島(東京都)＊
16	2011年	平泉－仏国土(浄土)を表す建築・庭園及び考古学的遺跡群(岩手県)
17	2013年	富士山－信仰の対象と芸術の源泉(静岡県、山梨県)
18	2014年	富岡製糸場と絹産業遺産群(群馬県)
19	2015年	明治日本の産業革命遺産　製鉄・製鋼、造船、石炭産業(岩手県、静岡県、山口県、福岡県、熊本県、佐賀県、長崎県、鹿児島県)
20	2016年	国立西洋美術館本館(東京都)※
21	2017年	「神宿る島」宗像・沖ノ島と関連遺産群(福岡県)
22	2018年	長崎と天草地方の潜伏キリシタン関連遺産
23	2019年	百舌鳥・古市古墳群

※7カ国(日本、フランス、アルゼンチン、ベルギー、ドイツ、インド、スイス)にまたがる
　「ル・コルビュジエの建築作品－近代建築運動への顕著な貢献－」の構成資産の一つ。
＊が自然遺産、他は文化遺産

出所:外務省

1-4-2　行政による文化・芸術分野の支出額

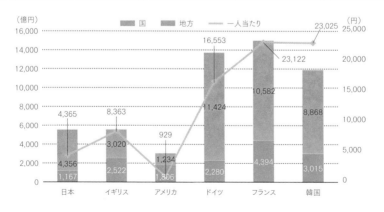

出所:文化庁　令和元年度「諸外国の文化政策等に関する比較調査研究」

人は格差に気づかない

なぜ人は格差を感じるか

　格差は一般的に、収入の大小で測ります。日本の現状を所得別の世帯数でみてみます。上のグラフから、全世帯の平均所得額は552.3万円です。しかし、「平均」というとちょうど真ん中だと思いがちですが、実は平均以下の世帯が総数の61.1％を占めており、最も世帯数が多いのは、200万円台です。

　ちなみに、民間企業に勤める人の平均給与は、2018年に441万円[i] でした。共働きの世帯が全体の半分弱あることから、世帯でみると増えてみえます。さて、様々なアンケート調査からは、貧富の差や格差を感じると答える人が、日本にも6〜9割いると考えられています。世帯の数でも真ん中より下が多いことから、自然な結果と言えます。

　収入が少なすぎると、様々な問題（例えば、十分な栄養を摂れない、学習機会が足りずスキルを身につけられない、体調が悪くても無理をして悪化してしまうなど）が発生しやすくなります。この問題をなぜ放置してはいけないか。その理由は善意から治安維持まで一つではないのでぜひ考えてほしいと思います。

収入が高くなると増える教育費

　収入の格差による悪影響を減らすには、収入がたくさんあるところからないところに移すことが原則で、具体的な方法は多様です。いずれにしても、収入のたくさんある方が、問題であると気がつかなくてはなりません。ところが、これが簡単ではないのです。グラフを上から見ていくと、1,000万円以上あれば、上位10％程度に入ります。10人に一人がお金持ちということです。

　しかし、収入が多くなるほど増えるタイプの支出もあります。例えば教育費は、収入が多い家庭ほど、多く支払う傾向にあります。収入がある分、子どもに習い事をさせたり私立に通わせたりするからです。

　中学生の年間学習費の変化をみると、2002年と18年を比較すると、公立も私立も増えています（下のグラフ）。18年に子どもを私立中学に通わせると、公立と約90万円違うわけですから、年収1,000万円の人でも10％弱の支出差が生まれます。

　どれだけ年収が高くても支出も増えれば、「うちだって余裕はない」「苦労している」と感じやすくなり、社会全体の格差には注意が向かなくなってしまいかねません。格差問題が改善しない理由の一つには、わざとではない無関心があるのかもしれません。

i 国税庁「平成 30 年分　民間給与実態調査」

1-5-1 所得層別・世帯数の分布

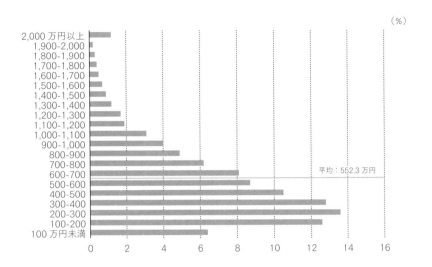

出所：厚生労働省　2019年国民生活基礎調査

1-5-2 年間学習費の変化

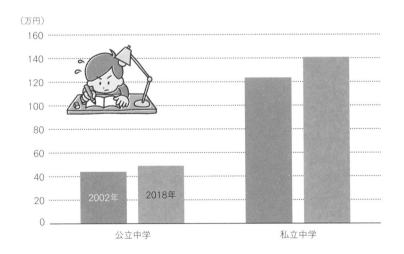

出所：文部科学省　子供の学習費調査

光熱費であぶり出される貧困層

光熱費と家計の関係は?

　エンゲル係数とは、家計に占める食費の割合(％)を示します。収入が多くなるほど食費の割合は下がるのですが、この法則を発見した19世紀のドイツ人学者の名前からエンゲル係数と呼ばれています。

　一方、収入と光熱費に着目したのが、「Fuel Poverty」という言葉です。これはイギリス政府が使っており、燃料(Fuel)にお金がかかりすぎている家計を貧困状態と捉え、そうした世帯を減らそうという政策を行っています。なぜかというと、特に冬の暖房が十分でないと、体調を崩してしまう人が増え、健康な生活を送れなくなるためです。さらに、燃料を多く必要とする背景には、すきま風のひどい家に住んでいるなど、エネルギー効率を下げる環境での生活が理由だと考えられます。そのため、気候変動対策の面からも改善した方がよいのです。

　では日本の状況はどうでしょうか。家計支出のうち、電気・ガス・その他光熱費(灯油等)の合計値の割合を調べてみました。上のグラフのように、低所得層の方でその割合が高く、収入が増えると下がっていきます。エンゲル係数と同じ傾向だと言えるので、ここで仮に「エネルギー係数」と名づけておきましょう。

　2002年と18年を比べると、18年は折れ線全体が高くなっており、エネルギー係数が全世帯で上がっていることを意味します。ただ、最も所得の高い層ではほとんど変わらず、中・低所得層ほど、上がり方が大きく、光熱費が家計を圧迫していることが分かります。

熱中症による死者を減らすために

　さて、イギリスでは冬の寒さが心配されていますが、日本で深刻なのは、夏の熱中症です。下のグラフのように、2010年以降、全国で年間平均980人が熱中症で亡くなっており、そのうち約80％が、65歳以上の高齢者となっています。

　また、高齢者全体の60％近くが自宅で熱中症を発症しているというデータもあります[i]。壊れたエアコンを放置していたなど、暑さを我慢していた例が報告されており、低所得や認知症、ひとり暮らしほどリスクが高いといった調査もあります。しかし、環境省の「熱中症環境保健マニュアル」などを見ても、所得や住宅環境に踏み込んだ調査や施策には至っていません。

　エネルギー係数の変化や、熱中症の深刻化から、誰が脆弱(影響をうけやすい)なのかを捉え、対策を講じるべき時がきていると考えられます。

---

i 東京消防庁「熱中症に注意！」サイト。2018年夏の集計値

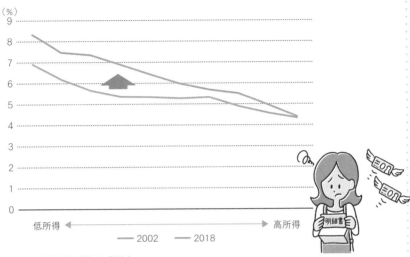

1-6-1 光熱費が支出に占める割合の推移

(%)

低所得 ←———————————→ 高所得

—— 2002　—— 2018

出所:総務省　家計調査家計収支編をもとに筆者作成

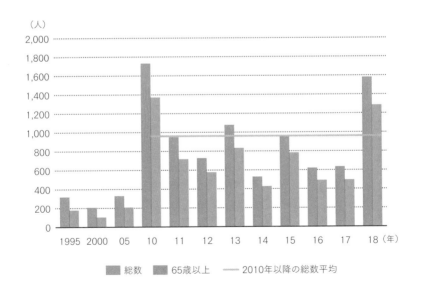

1-6-2 熱中症で死亡する人の推移

(人)

1995　2000　05　10　11　12　13　14　15　16　17　18（年）

■ 総数　■ 65歳以上　—— 2010年以降の総数平均

出所:厚生労働省　熱中症による死亡数 人口動態統計(確定数)

日本が ESG/SDGsでパッとしない理由

アメリカや韓国よりも低い日本のスコア

　ESGという言葉は、主に「ESG投資」や「ESG経営」というように、民間企業や金融の世界で使われます。また、国全体のESGと国の財政の関連をみてみよう、という動きもあります。例えばEでは、天然資源や水資源の豊富さ、生物の絶滅の状況、自然災害への備えなどが、税収や財政支出にどうつながるのか。Sでは、識字率、失業率、女性の就業率、インターネットを使える人の割合など。Gでは、政府が透明性高く運営されているか（賄賂や談合が横行していないか）などが注目されます。

　2019年に、世界銀行は「ソブリンESGデータポータル」を発表し、投資家を含め、誰でも簡単にESGのデータに触れられるようにしました。そこでは67の指標が用意されています。日本の指標を一つひとつみていくと、再生可能エネルギーの利用状況のように「遅れているな」とはっきり分かる指標もありますが、全体としてはさほど悪くないようにみえます。しかし、少し気になるのは、データの数です。こうして「誰でも簡単に」データに触れられる環境が整えば、「データがない」分については「0点」とみられてしまう可能性があります。19年までの5年間のデータの有無だけを数えて比較してみると、上の棒グラフのように、西欧・北欧で高め、日本はアメリカや韓国よりも低い結果となりました。

「ジェンダーの平等」で赤信号の日本

　次に、SDGsの視点で国別の「成績表」をみてみましょう。SDGsの17の目標別のデータを基に合算して順位をつけたレポートによれば、2020年の日本は166カ国中17位でした。

　各国の目標別の評価結果から見えてくるのは、日本が上位の国と比べて相対的にどんな状況にあるのか、ということです。

　日本と、上位17カ国の得意・不得意を確認します（下の表）。各国が強い目標（表中の青色）は、各国でばらけていることが分かります。日本の特徴は、目標9の「産業と技術革新の基盤を作ろう」だといえます。他方、各国が弱い目標（表中のオレンジ色）と日本を比べると、目標12、13、14といった、天然資源や気候変動、海洋の分野では、上位の国でも軒並み悪い状態です。先進国はみな、資源やエネルギーを使いすぎ、CO_2を出しすぎているというわけです。他方、目標5の「ジェンダー平等を達成しよう」では日本の弱さが目立つ結果となりました。日本は、技術に強いが女性が力を出せていない国だ、と言えそうです。

5年間のESGデータ開示度

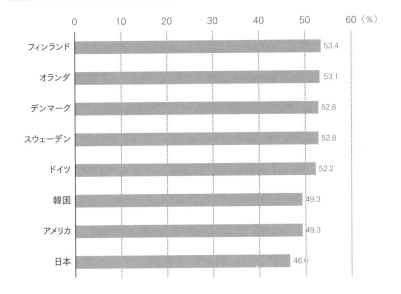

出所：The World Bank　Environment, Social and Governance Data

SDGsの達成度（2020）

	目標1	目標2	目標3	目標4	目標5	目標6	目標7	目標8	目標9	目標10	目標11	目標12	目標13	目標14	目標15	目標16	目標17
日本が強い指標	目標1	目標2	目標3	目標4	目標5	目標6	目標7	目標8	目標9	目標10	目標11	目標12	目標13	目標14	目標15	目標16	目標17
17カ国のうち、5カ国以上が強い目標	目標1	目標2	目標3	目標4	目標5	目標6	目標7	目標8	目標9	目標10	目標11	目標12	目標13	目標14	目標15	目標16	目標17
日本が弱い目標	目標1	目標2	目標3	目標4	目標5	目標6	目標7	目標8	目標9	目標10	目標11	目標12	目標13	目標14	目標15	目標16	目標17
17カ国のうち、5カ国以上が弱い目標	目標1	目標2	目標3	目標4	目標5	目標6	目標7	目標8	目標9	目標10	目標11	目標12	目標13	目標14	目標15	目標16	目標17

出所：Sachs, J., Schmidt-Traub, G., Kroll, C., Lafortune, G., Fuller, G., Woelm, F. 2020. The Sustainable Development Goals and COVID-19. Sustainable Development Report 2020　Online database for Sustainable Development Report 2020

第 **2** 章

強いチームは
多様性で作られる

第2章 | 解 説

　ここでは「誰が」に注目して話を進めていきます。豊かな将来に向け、課題に取り組んでいくのが誰か、ということです。日本のことなのだから、日本人ががんばるわけではありますが、日本のなかにもいろいろな人がいるはず。だから少し分解してみたいと思います。

　キーワードは「多様性」です。日本というと、他の国に比べれば人種や民族が均質でしかも、「周りに迷惑をかけないように」というプレッシャーが強い社会です。また、「長いものには巻かれろ」ということわざがあるように、権力者や上の人の意見には従っておいた方が楽だ、という考え方もあります。さらに、「みんな同じ」であろうとすることを「同調圧力が強い」と言いますが、日本はその圧力も強いとよく言われます。「空気を読め」はその典型ですね。

　「多様性」はその反対です。同じ考え方の人ばかりで意見を出し合うより、いろいろな考え方のもとで出し合った方が、しっかりとした議論ができて「よい」とする見方です。

　あれ？　と思った方もいるでしょう。均質な集団の方が、意見をまとめやすいでしょうし、リーダーの号令でピシッと動くことができれば、強いチームになり、結果が出そうだとも思えますね。けれども、決めたことに対して規律を守って動くことと、「意見をまとめて、決める」までのプロセスは別なので、そこは分けて考えてみましょう。

　ここでは、「決める」までのプロセスにおいて、十分いろいろな意見が出るチームの方が「よい（おそらく、強い）」という立場で話を進めます。

　どんな決め方があるのか、結果的に誰が活躍しているのか、そのような視点から9

つの切り口を集めました。そのため、定量的なデータを扱うといっても、多様性が「よい」と考えている私の見方というフィルタがかかっていることになる点を意識してみてください。

　ところで、日本政府には、「SDGs推進本部」という部署があります。このSDGs推進本部が定めた、日本の国としての取り組み方針が、「持続可能な開発（SDGs）実施指針改定版」です。そこでは、8つの優先課題が決められているのですが、一番最初にくるのが「あらゆる人々が活躍する社会・ジェンダー平等の実現」です。

　第1章の1-7でみたように、日本はジェンダー平等の実現度がとても低いので、政府の実施指針でも「ジェンダー平等の実現」と強調されているというわけです。

●まず、多様性についておさらいします。政府や企業などの組織において、多様性の確保が求められている現状に対し、日本の政府や大企業はどうなっているの？　という入口です（2-1へ）。

●男女の差がはっきりと表れる指標はいくつもありますが、働く人が仕事の成果として手にする賃金でみてみましょう。日本のみならず、欧米先進国でも実はまだまだ男女の賃金ギャップが大きいことが分かります（2-2へ）。

●新型コロナウイルス感染症の影響で、外国との人の行き来のハードルがとても高くなりました。それでも、人口減少が進む日本にとって、外国から日本に来て働こうという意欲のある人の力はとても重要です。日本の中の外国人について、基本的な情報をまとめてみましょう（2-3へ）。

第2章 解説

●障がいのある人も少なからずいます。障がいがあっても企業などで働く人も増えている、そのような多様性の側面についてみてみます（2-4へ）。

●子育て世代の人が仕事と生活を両立していくために必要不可欠なものが保育サービスです。ところが、「保活」という言葉ができてしまうほど、保育サービスの利用にハードルがある状態になってしまっています。一方で子どもの数は減っているのに？　という違和感から数字を読み解きましょう（2-5へ）。

●少し話題を変えて、働く人のキャリアの多様性、という点に着目してみます。職場としての「非営利団体」についての情報が、実はとても少ない状況にあります（2-6へ）。

●当たり前ですが男性にだっていろいろな人がいます。その一つの属性として、育児休業の取得の点から現状を把握します（2-7へ）。

●住んでいる場所の多様性についても考えを広げてみましょう。これからも、東京への人口集中は続くのでしょうか。仕事に関するデータをみてみます（2-8へ）。

●日本で選挙に行けるのは18歳以上になりましたが、人口の少ない若い世代の意見は、多数決で決まる選挙ではなかなか反映されにくいという状況があります。これが世界の常識なのかどうか？　を調べてみます（2-9へ）。

第2章で扱う指標	169のターゲット	指標（総務省仮訳）
2-1 意思決定者におけるジェンダー平等	5.5　政治、経済、公共分野でのあらゆるレベルの意思決定において、完全かつ効果的な女性の参画及び平等なリーダーシップの機会を確保する。	5.5.1　国会及び地方議会において女性が占める議席の割合
		5.5.2　管理職に占める女性の割合
2-2 男女の賃金格差	8.5　2030年までに、若者や障害者を含む全ての男性及び女性の、完全かつ生産的な雇用及び働きがいのある人間らしい仕事、並びに同一労働同一賃金を達成する。	8.5.1　女性及び男性労働者の平均時給（職業、年齢、障害者別）
		8.5.2　失業率（性別、年齢、障害者別）
2-3 外国人労働者	8.8　移住労働者、特に女性の移住労働者や不安定な雇用状態にある労働者など、全ての労働者の権利を保護し、安全・安心な労働環境を促進する。	8.8.1　致命的及び非致命的な労働災害の発生率（性別、移住状況別）
		8.8.2　国際労働機関（ILO）原文ソース及び国内の法律に基づく、労働権利（結社及び団体交渉の自由）における国内コンプライアンスのレベル（性別、移住状況別）
2-4 障がい	10.2　2030年までに、年齢、性別、障害、人種、民族、出自、宗教、あるいは経済的地位その他の状況に関わりなく、全ての人々の能力強化及び社会的、経済的及び政治的な包含を促進する。	10.2.1　中位所得の半分未満で生活する人口の割合（年齢、性別、障害者別）
2-5 待機児童	4.2　2030年までに、全ての子供が男女の区別なく、質の高い乳幼児の発達・ケア及び就学前教育にアクセスすることにより、初等教育を受ける準備が整うようにする。	4.2.1　健康、学習及び心理社会的な幸福について、順調に発育している5歳未満の子供の割合（性別ごと）
		4.2.2　（小学校に入学する年齢より1年前の時点で）体系的な学習に参加している者の割合（性別ごと）
2-6 NPO	17.17　様々なパートナーシップの経験や資源戦略を基にした、効果的な公的、官民、市民社会のパートナーシップを奨励・推進する。	17.17.1　(a)官民パートナーシップにコミットしたUSドルの総額(b)市民社会パートナーシップにコミットしたUSドルの総額
2-8 都市	11.a　各国・地域規模の開発計画の強化を通じて、経済、社会、環境面における都市部、都市周辺部及び農村部間の良好なつながりを支援する。	11.a.1　人口予測とリソース需要について取りまとめながら都市及び地域開発計画を実行している都市に住んでいる人口の割合（都市の規模別）
2-9 若い世代の参加	16.7　あらゆるレベルにおいて、対応的、包摂的、参加型及び代表的な意思決定を確保する。	16.7.1　国全体における分布と比較した、国・地方の公的機関（[a]）議会、（[b]）公共サービス及び[c]司法を含む。）における性別、年齢別、障害者別、人口グループ別の役職の割合
		16.7.2　国の政策決定過程が包摂的であり、かつ応答性を持つと考える人の割合（性別、年齢別、障害者及び人口グループ別）

意思決定者が多様なほど株価が高い？

「よい意思決定」とは何か

　政府や企業で、何か大事なことを決めるときのことを「意思決定」といいます。目標を達成するための方法を、いくつかの候補の中から選ぶときに特に使います。ここでは、「誰が」その意思決定をした方が、その組織にとってよいのか、ということに焦点を当てていきましょう。

　一度決めてしまうと変えるのが難しいような大事なことの場合、「いろんな人の意見を聞いてみよう」と思うでしょう。これを言い表すキーワードが「多様性（ダイバーシティ）」です。企業がよりよい意思決定を行うための指針となる「コーポレートガバナンス・コード」というものがあります。意思決定を行う場である取締役会については、「ジェンダーや国際性（2018年6月版の原則4-11）」でみた多様性の確保を促しています。大企業での女性役員比率は最近高まってきたとは言え、まだまだ、欧米諸国に比べると低い水準です（上のグラフ）。

　なお従業員について言えば、「女性の活躍促進を含む社内の多様性の確保（原則2-4）」とあるように、「多様性といえばまずは女性」というのが日本の実態です。ここで注意しなければならないのは、「何をもって"よい"意思決定だったとするのか」です。上場企業なら「株価を上げれば」よいと考える経営者もいるでしょう。

多様性がある組織は「よい組織」

　ところが、様々な検証が行われてきましたが、「女性役員を増やせば株価が上がる」に明白な因果関係があるとは考えられていません。むしろ、本来は、生まれつきの違いがあっても平等に昇進のチャンスがある「よい組織」であることを示す指標であると言えるでしょう。企業よりもさらに低水準なのが、日本の政治です。下のグラフにあるように、女性の国会議員や自治体の首長などの比率を合成した平等スコアでみると、152カ国中144位と、上位国との差は非常に大きいです。上位の顔ぶれには、北欧などの先進国に混ざって、ニカラグア、ルワンダ、コスタリカなどの開発途上国も入っています。開発戦略の一部にジェンダーが位置付けられていたり、議員の人数に女性枠（クォータ制）を設けていたりする例もあります。

　なお、外国では、何をもって多様性を測っているかといえば、女性だけということはほとんどありません。最近目立つのは、民族（ethnic）や文化（cultural）の多様性です。さらに詳しく、言語（linguistic）や宗教（religious）など、外見で判断しにくい視点もいろいろあることも知っておきましょう。

大企業における女性役員の割合

出所：OECD　Female share of seats on boards of the largest publicly listed companies

政治におけるジェンダー平等スコア（満点：1.0）

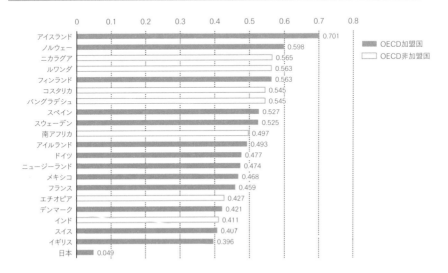

出所：World Economic Forum　Global Gender Gap Report 2020

なぜ日本で男女の賃金格差が埋まらないのか

北欧でもゼロにならない男女の格差

男女の賃金格差を国際比較してみましょう。上のグラフにあるように、日本の男女賃金格差はOECD加盟国の中で韓国に次ぎ2番目に大きく、25％近い差がついています。ただ、男女平等で世界トップにあるアイスランドも10％を超しており、女性活躍の先進国である北欧でも、収入についてはまだまだギャップがあることを覚えておきたいです。

もう少し詳しくみてみましょう。真ん中のグラフでは、日本の企業における、男女別・年齢別の賃金の分布（2019年）を示しています。一人の人の生涯推移ではないので注意してください。社会人になりたての頃は、男女の差はさほどありません。それが年齢を経るにつれどんどん大きくなり、50代の女性は同世代男性の65％しか賃金を得ていません。全体を均すと、約75％となっているというわけです。

なぜこうなっているのかには、いくつかの考え方があります。同じ会社に入社しても、男性の方が、昇給しやすいようなキャリアパスをたどっているという見方が一つです。管理職になるかならないかでも、賃金には差がつきます。

「女性部長」の賃金が安い理由

例えば、売上がよく伸びそうな部署があるとしましょう。伸びる部署というのは勢いがあって忙しいことが多いので、育児などの理由で仕事にブレーキをかけやすい女性よりも、男性を選んで配属してしまうという企業の行動パターンの結果が集まると、こうした結果になります（男性のプライベートは考慮されないという前提です）。

また、同じようにキャリアを積んできたとしても、女性は管理職になったり、昇進試験を受けたりしたがらないというのも、よく言われる話です。しかも、下のグラフのように、係長・課長・部長といった役職についても、男女差が残るのです。現時点では、同じ"部長"でも、女性の方が賃金の安いポストについているということが分かります。男性の30代・40代というのは最も労働時間の長い世代であり、ここで成果を出して50代で報酬を伸ばす、というのはイメージしやすいと思います。

ただ、女性活躍推進や働き方改革の進展により、男性の労働時間も減少する傾向にありますし、女性の仕事の領域を広げようという動きもあります。管理職として踏み出そうという女性も、これからは普通になっていくでしょう。新型コロナウイルスの影響で場所を問わない働き方が定着すれば、この傾向もさらに変化していくと考えたいものです。

2-2-1 男女の賃金格差

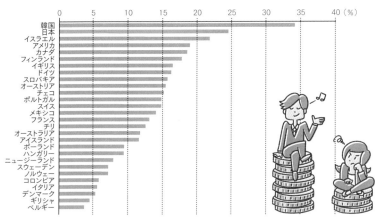

出所：OECD, Gender Wage gap（indicator）2018年または最新年

2-2-2 性別・年齢別賃金とギャップの推移

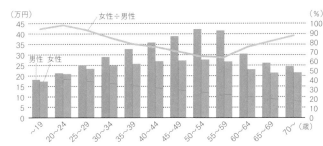

出所：厚生労働省　令和元年賃金構造基本統計調査　付表1をもとに筆者作成

2-2-3 性別・役職賃金とギャップ

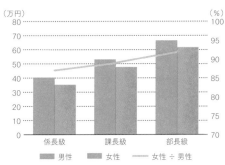

出所：厚生労働省　令和元年賃金構造基本統計調査　第9表をもとに筆者作成

外国人労働者とその家族がいるからできること

どんな目的で外国人が日本に住んでいるか

　日本人の人口が減る半面、増えているのが日本に住んでいる外国人です。2019年6月時点で過去最高の約283万人と、13年に比べ約1.4倍になりました。人口に占める割合は約2％です。その内訳を「在留資格」別にみてみましょう（円グラフ）。短期の旅行以外の目的（仕事など）で日本にくるために必要な資格です。

　4割弱が10年以上日本で暮らしている、日本人と結婚している、仕事が「『我が国への貢献』に関するガイドライン」を満たしているなどの永住者・特別永住者です。貢献のガイドラインは17年に緩和され、希望すれば永住しやすくなるように改正されたので、永住者の数は年々増えています。出身国でみると、中国、フィリピン、ブラジル、韓国が多くなっています。

　永住者等ではない人は、仕事の内容によって細かい区分がありますが、専門性のある仕事と、単純労働の仕事に就いている人のカテゴリを合わせると、13〜14％ずつで同じくらいです。

　では、外国人が多く住んでいる自治体にはどのような特徴があるでしょうか。

日本で働く外国人はどこに住んでいるのか

　10％を超えていた自治体の顔ぶれをみると、トマムリゾートのある1位の占冠村のように、外国人観光客向けの仕事（ホテルなど）に外国人が就いていたというパターンがまずありそうです。下の表のように、占冠村では15〜29歳では33％と特に高く、40代以上や小さい子どもはさほどでもないことから、単身の外国人が多いと思われます。2位の大阪市生野区や、10位の神奈川県横浜市中区は、コリアンタウンや中華街で知られているように、昔から住んでいる外国人の多いエリアです。下の表の生野区のように、50代、60代以上でもまんべんなく高いことから、ある程度高齢化していることが分かります。

　3位の群馬県大泉町は、自動車、電機、食品などの大企業の工場が多く立地しており、地方工業都市の代表例と言えるでしょう。大泉町では下の表のように、14歳までの子どもが20％以上と高く、60代以上は少ないことから、現役世代が家族とともに住んでいるだろうことが読み取れます。

　このようにみていくと、外国人の存在が、地域の魅力や個性と大きく結びついていることを感じます。わざわざ日本に住もうとやってきた人たちが、望み通り活躍できることは、その人たちだけではなく、地域全体の活力につながると言えそうです。

在留目的別の外国人の割合

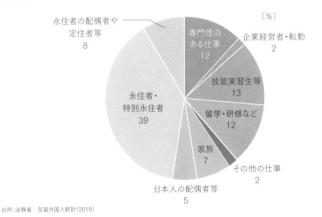

（%）

- 永住者の配偶者や定住者等 8
- 専門性のある仕事 12
- 企業経営者・転勤 2
- 技能実習生等 13
- 留学・研修など 12
- その他の仕事 2
- 家族 7
- 日本人の配偶者等 5
- 永住者・特別永住者 39

出所:法務省　在留外国人統計(2019)

2-3-2　**外国人住民の割合が高い市区町村**

順位	都道府県	市区町村	割合 （%）
1	北海道	勇払郡占冠村	26.06
2	大阪府	大阪市生野区	21.82
3	群馬県	邑楽郡大泉町	18.24
4	大阪府	大阪市浪速区	13.08
5	北海道	余市郡赤井川村	12.60
6	東京都	新宿区	12.44
7	北海道	虻田郡留寿都村	12.31
8	北海道	虻田郡倶知安町	11.88
9	愛知県	名古屋市中区	11.33
10	神奈川県	横浜市中区	11.10
11	東京都	豊島区	10.44
12	長野県	北安曇郡白馬村	10.28

出所:総務省　住民基本台帳に基づく人口、人口動態及び世帯数(2019)

2-3-3　**年齢別の外国人割合**

	0-14歳	15-29歳	30-39歳	40-49歳	50-59歳	60歳以上 （%）
北海道占冠村	4.1	33.2	25.8	9.6	4.8	0.9
大阪市生野区	12.9	29.4	23.4	20.5	22.7	20.2
群馬県大泉町	23.6	25.2	28.7	21.4	17.7	4.7

出所:総務省　住民基本台帳に基づく人口、人口動態及び世帯数(2019)

障がいも多様性の一部であることに気づく

ようやく誕生した重度の障がいのある国会議員

　障がいを抱える人は、日本国内には約7.6％、いると推計されています[1]。世界では、約10％と言われます。日本ではこのうち、「障害者手帳」を持ち、支援を受けている人が2016年には593万人います（上のグラフではのべ人数）。さらに、精神疾患として病院にかかった人は419万人に上ります。一人で複数の障がいがあるケースもあるため、推計すると約7.6％（1,000万人弱）だろう、と考えられます。

　2019年、日本では初めて重度の障がいのある国会議員が二人誕生しました。国会議員の定数の0.28％に当たります。参議院で初めて2議席得たとはいえ、7.6％という全体の割合に比べてかなり少ない状況です（日本の人口の半分を占める女性でさえ、国会議員の比率は約10％であるのもずいぶん少ないわけですが）。

障がい者の働き方にはどのようなものがあるか

　障がいがあっても働いて自立できるように、企業や自治体に、障がいのある人を従業員として雇いなさい、と求める法律（障害者雇用促進法）があります。2019年には民間企業で、約46万人（実人数）が働いています。下のグラフのように、年々増えています。

　「法定雇用率」が決められていて、民間企業は従業員数の2.2％、公的機関では2.5％相当分、雇い入れなくてはなりません。企業をみると約半数が達成しています。ただ、経営者はこの数字には含まれないため、例えば障がい者の社長の数は？取締役の割合は？　といったことまでは分かりません。

　障がい者を積極的に雇用している企業の中には、障がいをむしろ個性と捉え、それに合った仕事を生み出したり、仕事全体の効率化につながるヒントを見つけたりしたという例がたくさんあります。ITを活用して障がいを補うことにも大きな可能性があるようです。

　とはいえ、平均勤続年数は身体障がい者で約10年、知的障がい者で7年半、精神・発達障がい者で3年強となっているため、仕事の経験の長い人はごく少数だと思われます。障がい者スポーツや、障がいのある芸術家の作品などを通じて障がい者の活躍を知る機会が増えていますが、まだまだ、社会全体や、企業経営の意思決定が、障がいも含めた多様性を反映しているにはほど遠い状況にあると言えるでしょう。

[1] 内閣府「令和元年版障害者白書」参考資料「障害者の状況」

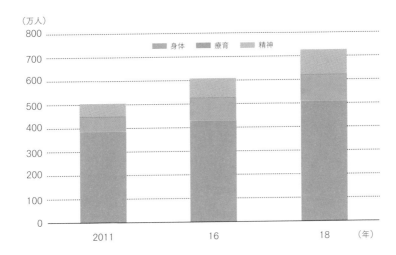

2-4-1 障害者手帳を持つ人の数（のべ）

（万人）
800
700　■身体　■療育　■精神
600
500
400
300
200
100
0
　　　　2011　　　　　16　　　　　18　　（年）

出所：厚生労働省　平成28年生活のしづらさなどに関する調査（全国在宅障害児・者等実態調査）：結果の概要

2-4-2 民間企業で働く障がい者（実人数）

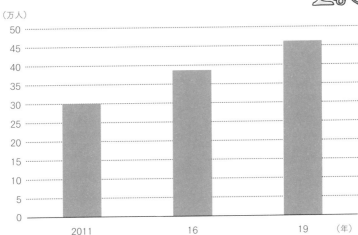

（万人）
50
45
40
35
30
25
20
15
10
5
0
　　　　2011　　　　　16　　　　　19　　（年）

出所：厚生労働省　令和元年　障害者雇用の集計結果 他　注：2011年は筆者推計

待機児童は何％いる？

　毎年、待機児童が増えた自治体、減った自治体といったことがニュースになります。でも、子どもの数は減っているのに、なぜ待機児童問題が解消しないのだろう、と思いませんか。2019年の子ども（15歳未満人口）の人口は1,512万人と、39年連続で減少しています[i]。出生数は毎年約100万人でしたが、16年生以降は90万人前後です。20年の厚生労働省統計による待機児童数は12,439人なので、0〜5歳の小学校入学前の子どもの総数（約580万人）と比較すると約0.2％です。ただ、待機児童の約87％は0〜2歳児で、そこを取り出すと約0.5％に上がります。

　地域別にみると、子どもの数が一貫して増えているのは東京都だけです。円グラフのように待機児童も東京都だけで全国の2割近くを占め、大都市圏でよく発生している課題でもあります。

　ただ、「あれ、数字が小さいな」と感じる理由は、「待機児童」の定義にありそうです。待機児童数に関しては、かつては「認可保育所への入所を希望しているが入れない」子どものことを指しました。そこから、自治体独自の保育所や企業内保育所など、「認可外」の様々な保育サービスが増えたこともあり待機にはならなくなりました。そうした「数え方問題」があるため、「隠れ待機児童」や「実態」に関する試算をメディアや大学が行っています。

みんなの気持ちを表す数値とは

　「希望通りの保育サービスを受けられていない」ということを示す数値としては、一次選考の「落選率」をみるメディアもあり、主要自治体では約4分の1が落選しているなどとも報じられています。いくつかのデータを見比べると、公式統計の約5倍は「希望がかなっていない」可能性があると考えられそうです。

　これでも保護者たちの「保活」の辛さは示せていないかもしれません。認可外も含めた保育サービスを利用しているのは、下のグラフの通り、1・2歳児で約96万人、利用率は49％に上ります。年子は1割未満と想定されるため、年間約50万人近くの子どもの保護者（特に育休中の母親）が保育サービスの入所手続きをしていると考えられます。なかでも東京都の年間出生数は約10万人なので、新たに保育サービスを探す保護者も集中しています。待機児童数そのものよりも、こうした保護者の感じる「保活苦労指数」を開発して測った方が、肌感覚を示すにはよいのかもしれません。

[i] 総務省統計局「我が国のこどもの数 - 『こどもの日』にちなんで」2020年5月4日発表

2-5-1 都道府県別の待機児童数（2020年4月時点）

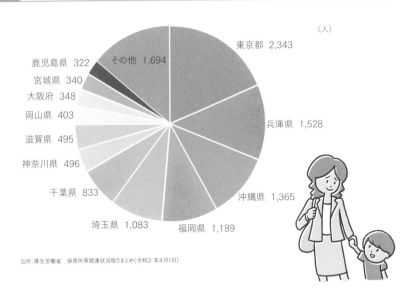

（人）

東京都 2,343
兵庫県 1,528
沖縄県 1,365
福岡県 1,189
埼玉県 1,083
千葉県 833
神奈川県 496
滋賀県 495
岡山県 403
大阪府 348
宮城県 340
鹿児島県 322
その他 1,694

出所：厚生労働省　保育所等関連状況取りまとめ（令和2年4月1日）

2-5-2 1,2歳児の保育所等利用率

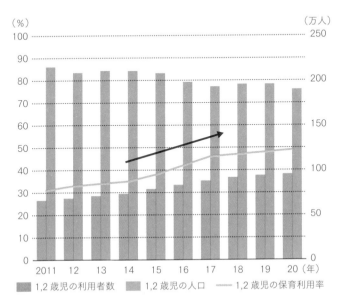

（%）　　　　　　　　　　　　　　　　　　（万人）

2011　12　13　14　15　16　17　18　19　20（年）

■ 1,2歳児の利用者数　■ 1,2歳児の人口　— 1,2歳児の保育利用率

出所：厚生労働省　保育所等関連状況取りまとめ（平成23〜31年の各年分）

2-6 NPO に就職活動したことありますか

アメリカで人気就職先として上位に挙がるNPO

　最近は「転職しながら経験を積む」というキャリアのスタイルが珍しくなくなったと感じます。しかし上のグラフのように、日本では勤続年数10年未満の人が54.1％と、先進国の中では少ない方です。同じ職場で長く働く人が、より多いということです。転職について、海外と日本では違うことがたくさんあります。ここでは「企業、行政、非営利セクター間をグルグルと人材がまわる」ことが起こっているのか？　に着目してみます。

　特にアメリカでは、ビジネス経験のある人が行政やNPOに転職したり、非営利セクターでの経験を生かして企業に転じたりすることがよくあると言います。ちなみに、アメリカでは学生の人気就職先として、NPOが上位に選ばれることもあります。アメリカの教育団体「Teach for America」や途上国援助の「Peace Corps」が有名です。

　日本では、自治体が「社会人経験者枠」などで人材を募ることが増え、最近では都道府県・政令市では8割以上が実施しています。数十倍といった高い倍率のケースも多く、募集する側もされる側も、関心が高くなっていると言えるでしょう。全体としては「公務員」の数は毎年200万人弱で推移しています。

求められる多様な価値観

　教員についても、「特別免許状」という、社会人経験のある人向けの教育職員検定（都道府県単位）があります。またときどき、公立中学の校長を公募するといったことが話題になります。高校以下の教員数は毎年約10万人弱で推移しています。

　では「NPO」（特定非営利活動）はというと、5万を超え、経済全体の5％程度を占める規模に拡大し、給与支払額の総額でみて約9,000億円に達しています[i]。しかし何人がNPOで働いている、といったデータとしては、継続的に取れるはっきりしたものがありません。産業別に就業者をみると、最近増えたのは下のグラフの通り「保健衛生・社会事業」で、医療・保健・介護の分野が増えていることが分かります。その中の主体には、公共・民間が混ざっています。

　日本でも、職員数が数百人規模となり新卒採用を行うNPO法人も出てきています。多様な価値観を経験した人が増えることがこれからの日本にとって必要だと考えると、職場としてのNPOに関するデータを充実させるべきでしょう。

[i] 独立行政法人労働政策研究・研修機構「労働政策研究報告書 No.183　NPO の就労に関する研究—恒常的成長と震災を機とした変化を捉える—」

2-6-1 勤続年数が10年より多いか少ないか

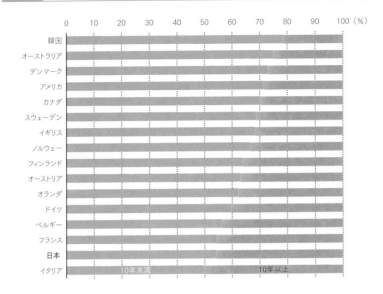

| | | 韓国 | オーストラリア | デンマーク | アメリカ | カナダ | スウェーデン | イギリス | ノルウェー | フィンランド | オーストリア | オランダ | ドイツ | ベルギー | フランス | 日本 | イタリア |

10年未満　　　　10年以上

出所:独立行政法人労働政策研究・研修機構　データブック国際労働比較2019

2-6-2 産業別の就業者割合の変化

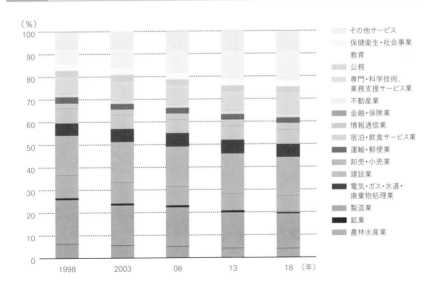

その他サービス
保健衛生・社会事業
教育
公務
専門・科学技術、業務支援サービス業
不動産業
金融・保険業
情報通信業
宿泊・飲食サービス業
運輸・郵便業
卸売・小売業
建設業
電気・ガス・水道・廃棄物処理業
製造業
鉱業
農林水産業

出所:内閣府経済社会総合研究所　2018年度国民経済計算フロー編

人間とサルの差は男性の育児参加かもしれない

進まない男性の育児休暇の原因

　京都大学霊長類研究所によると、チンパンジーは基本的に母親だけが子どもを育てるのに対し、人間は父親や祖父母や血縁以外の人など、母親以外の仲間が関与して子どもを育てるそうです[1]。なおゴリラの場合は、父親が子どもと遊んだり、子どもを守ったりすることもあるそうです。子どもの育て方が、人間とサルの種類（正確には、ヒト科の類人猿）の大きな違いになっているのは面白いですね。

　さて、日本は、男性の育児休暇取得が進んでいないと言われます。2018年度で約6％という実績です。この原因はどこにあるでしょう。まず上のグラフは、特に父親のために用意されている、何らかの給付金のある期間の国際比較です。国によって細かく制度が違うため、正確な比較はできないのですが、韓国と日本が52週、つまり1年可能という、期間面では世界で最も充実していると見えるデータです。ちなみに男性は出産当日から取得できます。

　期間ではなく収入の問題か？　というと、確かに日本での育児休業の給付金は6カ月まで収入の67％なのに対し、例えば男性の育休大国のスウェーデンでは約80％となっており、制度的な差を考えたくなります。

カギはコミュニティの「空気」？

　日本では、収入を理由として育休を取得しなかった男性は、15.5％しかいないというアンケート調査もあります。真ん中のグラフのように、理由の上位には、「仕事が忙しい・制度が整備されていない・取得しづらい雰囲気」という、「会社の理由」が占めています。

　ところが「制度が整備されていない」というのは、実はおかしな話です。育児・介護休業法には「労働者は（中略）その事業主に申し出ることにより、育児休業をすることができる」（第5条）とあり、会社は、いつ誰が申し出てもよいようにしておかないといけないはずです。

　ではこの「申し出」があるのか、つまり、言い出せるのか否かが大事になります。これについて興味深いのは、事業所の人数別にみた男性の育児休業取得率です（下のグラフ）。人数が少ないほど、人手も足りなくて育児休業なんか取れていないのでは？　と考えそうですが、5〜29人という少人数の事業所では、全体平均を超しているのです。人数が少ないと、むしろ日頃のコミュニケーションが濃く、比較的言い出しやすいのかもしれません。

---

[1] 京都大学霊長類研究所「チンパンジー・アイ」読み物

2-7-1 男性の育児休業可能週数（何らかの給付あり）

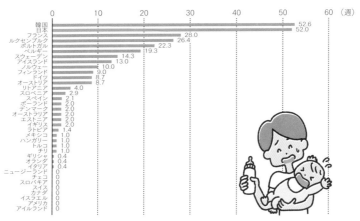

出所：OECD　Length of paid father-specific leave

2-7-2 男性が育児休業を取得しなかった理由

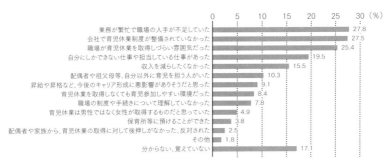

理由	(%)
業務が繁忙で職場の人手が不足していた	27.8
会社で育児休業制度が整備されていなかった	27.5
職場が育児休業を取得しづらい雰囲気だった	25.4
自分にしかできない仕事や担当している仕事があった	19.5
収入を減らしたくなかった	15.5
配偶者や祖父母等、自分以外に育児を担う人がいた	10.3
昇給や昇格など、今後のキャリア形成に悪影響がありそうだと思った	9.1
育児休業を取得しなくても育児参加しやすい環境だった	8.4
職場の制度や手続きについて理解していなかった	7.8
育児休業は男性ではなく女性が取得するものだと思っていた	4.9
保育所等に預けることができた	3.8
配偶者や家族から、育児休業の取得に対して後押しがなかった、反対された	2.5
その他	1.8
分からない、覚えていない	17.1

出所：厚生労働省委託事業　平成29年度仕事と育児の両方に関する実態把握のための調査研究事業

2-7-3 事業所の規模別　男性の育児休業取得率（2018年）

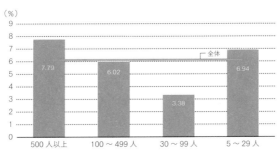

出所：厚生労働省　平成30年度雇用均等基本調査（確報）

我慢して東京にいなくていい

進む県庁所在地への集中

　日本の人口のうち、東京都の割合は約10％強です。2000年時点では約9％。日本全体の人口が減る一方で東京が増えているため、割合は少しずつ高くなっています。生まれたり亡くなったりすることによる人口の増減を「自然増減」、引っ越しによる増減を「社会増減」といいます。

　どんなところに、多くの人が引っ越してきているでしょうか。市区町村別に社会増減の状況、増えた人数でみると、やはり都会が多いです。東京と東京以外の県庁所在地が目立ちます。日本全体でみると東京への一極集中が進んでいますが、都道府県の中でみても、県庁所在地への集中が進んでいるのです。

　では、変化率（社会増減率）はどうでしょう。上位の自治体の顔ぶれがからりと変わります（上の表）。18年に最も高かったのは島根県知夫村で、1年間の変化が社会増27人、自然減3人の結果、人口635人になりました。すぐ近くには、近年移住者が増えて有名になった海士町もあります。

　人口の総数が小さい村などの場合、データをみる年によるでこぼこも大きいことには注意が必要です。

移住＝田舎でしか仕事ができない？

　では、移住した人はどのような仕事についているのでしょうか。総務省の「地域おこし協力隊」というプログラムに参加して実際に移住を決めた人の場合、円グラフのように、就業（自治体や企業に就職すること）した人が43％（1,060人）、起業した人が36％（888人）と多くなっています。

　起業では飲食サービス、宿泊、観光などが多いです。就業では、行政関係（自治体の職員や議員など）が3割程度と最も多く、観光業が続いています。地域の魅力に着目し、都会との交流を仕事にする人が多いとも言えるでしょう。また、農業では、就農（農家になること）以外に、農業法人に"就業"するという可能性もあります。

　では、これからの「移住」を考えてみると、仕事の選択が大きく変化する可能性があります。例えば在宅勤務は、働く場所をオフィスに限定しない働き方ですが、「在宅」ならば、オフィス通勤圏外の自宅でもよいのでは？　という発想も広がるでしょう。

　そうなると、「移住」と「転職」を分けて考えることができます。移住したけれど、転職はしていない、という人が増えるかもしれません。それが地域のまちづくりにどのような影響を与えるのか、注目していく必要も出てくるでしょう。

2-8-1 社会増減「率」の高い自治体20

		(2018年中)	（%）
1	島根県	隠岐郡知夫村	4.42
2	沖縄県	島尻郡渡嘉敷村	3.62
3	東京都	千代田区	3.43
4	宮城県	黒川郡大衡村	2.87
5	大阪府	大阪市北区	2.80
6	福岡県	福津市	2.60
7	東京都	中央区	2.59
8	青森県	中津軽郡西目屋村	2.51
9	愛知県	名古屋市中区	2.31
10	福岡県	田川郡大任町	2.31
11	千葉県	流山市	2.27
12	高知県	土佐郡大川村	2.26
13	熊本県	上益城郡嘉島町	1.89
14	神奈川県	横浜市西区	1.88
15	愛知県	名古屋市東区	1.84
16	沖縄県	中頭郡中城村	1.83
17	大阪府	大阪市福島区	1.78
18	大阪府	大阪市西区	1.76
19	沖縄県	島尻郡北大東村	1.76
20	埼玉県	八潮市	1.75

		(2019年中)	（%）
1	東京都	青ヶ島村	5.03
2	東京都	千代田区	3.00
3	大阪府	大阪市福島区	2.77
4	愛知県	名古屋市東区	2.75
5	東京都	中央区	2.53
6	埼玉県	さいたま市西区	2.41
7	大阪府	三島郡島本町	2.40
8	福岡県	福津市	2.29
9	千葉県	流山市	2.21
10	鹿児島県	大島郡瀬戸内町	2.02
11	大阪府	大阪市浪速区	1.97
12	千葉県	印西市	1.93
13	東京都	神津島村	1.85
14	大阪府	大阪市北区	1.77
15	大阪府	大阪市天王寺区	1.76
16	大阪府	大阪市西区	1.75
17	大阪府	大阪市中央区	1.74
18	東京都	台東区	1.73
19	愛知県	名古屋市中区	1.70
20	神奈川県	川崎市幸区	1.69

出所：総務省　令和2年1月1日住民基本台帳人口・世帯数(2019、2020年)

2-8-2 移住を決めた人が選んだ仕事

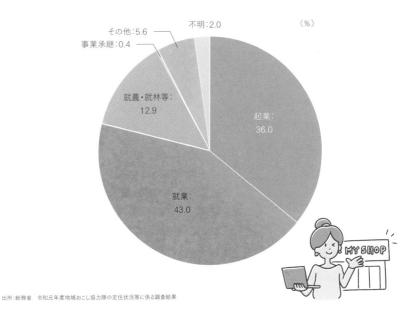

不明：2.0
その他：5.6
事業承継：0.4
就農・就林等：12.9
起業：36.0
就業：43.0
（%）

出所：総務省　令和元年度地域おこし協力隊の定住状況等に係る調査結果

大学に入る前に議員になれる国もある

何歳から国会議員になれるか

　日本で18歳から投票できるようになったのは、2016年6月以降の選挙です。16、17、19年に衆議院と参議院の選挙が計3度ありましたが、10代の投票率は32〜46％と、いずれも全世代の投票率を下回る低い結果となってしまいました。

　選挙には、「何歳から投票できるのか（選挙権）」と、「何歳から立候補できるのか（被選挙権）」の2つの年齢の決まりがあります。政治家の多様性というと女性に目が行きがちですが、年齢構成も重要な要素です。ここでは「何歳から立候補できるか」と、「結果、議員の年齢構成がどうなっているか」に着目してみます。

　日本では、参議院議員と都道府県知事に立候補するには投票日に30歳以上である必要があります。それ以外の衆議院議員・都道府県会議員・市町村会議員については25歳以上です。選挙権と被選挙権のあいだに「待ち時間」があること自体は世界的にみてもよくあることで、選挙権は18歳が普通でも、被選挙権は様々です。上のグラフのように、18歳、21歳、25歳とする国が約3割ずつあります（ここでは日本は25歳とカウントされています）。ただ、日本のように市町村会議員に至るまで一律一緒というのは珍しいかもしれません。

地方で若い議員を増やそう

　世界の状況はというと、続々と30代のリーダー（オーストリアやフィンランドの首相など）が誕生していますが、20〜30代の議員はどのくらいいるでしょうか。2018年時点の調査によると、下のグラフにあるように欧州や米州で多く、アジアは少ないという特徴がありますが、日本は特に低い状況にあると言えます。

　20代の国会議員が多いのは、先進国ではノルウェー、スウェーデン、フィンランドで10％台前半を占めています。いずれも18歳から国会議員に立候補でき、高校生で立候補してもさほど驚かれることではないようです。

　被選挙権は、各国の地方議会ではかなりばらつきがあります。例えば州によって大きな違いのあるアメリカでは、カリフォルニア州など、18歳から州知事を含めすべてに立候補できる州もあれば、ニューヨーク州のように、知事は30歳、州議会は18歳などと分けている州もあります。「知事が30歳でも議会は若くてOK」という州が多いです。

　日本でも、議員のなり手不足に悩む地方から先に、立候補できる年齢を思い切って下げていってもよいのかもしれません。

何歳から立候補できるのか（国別割合）

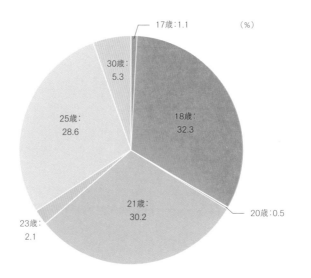

17歳：1.1 （%）

30歳：5.3

25歳：28.6

18歳：32.3

23歳：2.1

21歳：30.2

20歳：0.5

出所：Inter-Parliamentary Union

2-9-2 **20代・30代の国会議員の割合（2018年）**

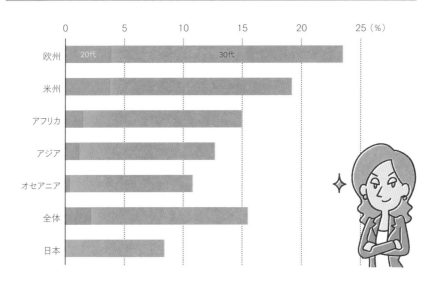

出所：Inter-Parliamentary Union

第 **3** 章

どこまで続く？
健康・長寿

第**3**章 | 解　説

　「健康・長寿の達成」とは、SDGs実施指針改定版の8つの優先課題で2番目に書かれているキーワードです。「長寿」というのは、平均寿命が世界で最も長い日本らしい表現と言えるかもしれません。2016年時点[i]で、日本人（男女）の平均寿命は84.2歳で、2位のスイスは83.3歳と、1歳近い差をつけて世界で最も長かったのです。

　ちなみに、世界の平均寿命は何歳でしょう？　答えは72歳です。地域別にみて最も短いのがアフリカで61.2歳です。日本で平均寿命が72歳を超したのは、女性が1963年で72.34歳、男性は1976年で72.15歳でした[ii]。

　2020年、新型コロナウイルス感染症がパンデミック（世界的大流行）になったことで、国別の感染者数や死者数の推移をグラフにしたものを、じっくりご覧になった方が多いと思います。また、欧米諸国でも医療体制がひっ迫する様子を見るのも初めてではなかったでしょうか。パンデミックをきっかけに、国による医療制度の違い、政治家と科学者との関係性の違い、文化による挨拶の方法の違いなど、今まで以上に気になって調べてみた、私もそんな一人です。

　死者の数が、途中で一気に増えたり減ったりした国もありました。死因の定義を変えたことが理由でした。人の死のように、誰にとっても同じことのように思える事象についても、データの取り方によって表れてくる数字が変わってくることも、新型コロナウイルスが教えてくれたことです。

　SDGsができたのは2015年ですから、もちろん、新型コロナウイルスのことは知らないで作られています。ただ、新型インフルエンザは直近では2009年に大流行しましたし、周期的に"新型"ができてしまうことも分かっています。その割に、感染症につ

いては目標3「すべての人に健康と福祉を」のターゲット3.3に「2030年までに、エイズ、結核、マラリア及び顧みられない熱帯病といった伝染病を根絶するとともに肝炎、水系感染症及びその他の感染症に対処する」と、結構さらっと書かれているなとも感じます。

　ここから逆に言えるのは、感染症は新型コロナウイルスだけではないということ、先進国ではすでに対処できていると思えるような病気でも途上国ではそうではないことです。今後、どのような感染症がいつ起こるかは分かりませんが、分かっているのは気候変動の進展です。

　2019年以前の、気候変動による影響に関する研究で、気温が上昇したり降水量が増えたりすることにより、特に蚊を介して増える病気（マラリアやデング熱）に注意せよという警鐘も強く鳴らされています。こうしたことにも、改めて関心を向けるべきだと言えます。

　前置きが感染症一色になってしまいましたが、健康に関しては、変化を受け入れたり、同時に、以前から指摘されてきたことをじっくり振り返ってみたりすることが大切だ、という観点から、次のように広げていきます。

●きれいな空気や水があるのかないのか。これは、健康に生活できるかどうかを決める最初の一歩とも言えるでしょう。いま、大気汚染の状況がどうなっているかをみてみます（3-1へ）。

●先進国で慢性的に悩まされている人が多いのが、アレルギーやアトピーです。持病があるほど、感染症の流行時などに備えなくてはならないことも複雑になります。この点も空気に大きく関わっているため、空気の話をもう少し深掘りします（3-2へ）。

●健康について考えるとき、体の健康とともに心の健康に目を向けることも非常に大切になりました。心の病気について、国内の現状をざっとまとめます（3-3へ）。

●日本は自殺が多い国というイメージがありますが、このデータの読み方と、年齢別の状況・対策の概要をみてみます（3-4へ）。

●誰でも小さい負担で病院に行けることの大切さが身に染みた2020年でした。医療体制について、国際的な比較の手がかりを整理してみました（3-5へ）。

●病気と性にも大きな関係があります。女性特有の生活環境と病気の関わりについて、出生率と不妊症の現状からみてみます（3-6へ）。

●心の病気つながりで、依存症がいまどうなっているのか、概況を調べてみました。インターネットやゲームなど、変化の多いテーマでもあります（3-7へ）。

●今度は、栄養不足という、日本には関係なさそうなキーワードを取り上げてみます。高齢者でも実は課題ですが、ここでは赤ちゃんとの関係をみてみます（3-8へ）。

●最後に、体を動かしたり心に栄養を与えたりする公共の財産として、公園や図書館の現状にも注目しておきます。こうした場も、日常生活を健やかに保つためにはとても大切です（3-9へ）。

ⁱ WHO「World Health Statistics 2020」より。平均寿命のデータは2016年時点のものが掲載されています。
ⁱⁱ 厚生労働省「令和元年簡易生命表の概況」参考資料2
ⁱⁱⁱ SDGsの指標では避妊が想定されていますが、拡大解釈します。

第3章で扱う指標	169のターゲット	指標（総務省仮訳）
3-1 大気の環境基準適合度合	**11.6** 2030年までに、大気の質及び一般並びにその他の廃棄物の管理に特別な注意を払うことによるものを含め、都市の一人当たりの環境上の悪影響を軽減する。	**11.6.2** 都市部における微粒子物質（例：PM2.5やPM10）の年平均レベル（人口で加重平均したもの）
3-3 精神疾患の患者数 3-4 自殺率	**3.4** 2030年までに、非感染性疾患による若年死亡率を、予防や治療を通じて3分の1減少させ、精神保健及び福祉を促進する。	**3.4.2** 自殺率
3-5 医療へのアクセス	**3.8** 全ての人々に対する財政リスクからの保護、質の高い基礎的な保健サービスへのアクセス及び安全で効果的かつ質が高く安価な必須医薬品とワクチンへのアクセスを含む、ユニバーサル・ヘルス・カバレッジ（UHC）を達成する。	**3.8.1** 必要不可欠な保健サービスのカバー率（一般及び最も不利な立場の人々についての、生殖、妊婦、新生児及び子供の健康、感染性疾患、非感染性疾患、サービス能力とアクセスを含む追跡可能な介入を基にした必要不可欠なサービスの平均的なカバー率と定義）
3-6 不妊症	**3.7** 2030年までに、家族計画・情報・教育及び性と生殖に関する健康の国家戦略・計画への組み入れを含む、性と生殖に関する保健サービスを全ての人々が利用できるようにする。	**3.7.1** 近代的手法によって、家族計画^注についての自らの要望が満たされている出産可能年齢（15～49歳）にある女性の割合
3-7 依存症	**3.5** 薬物乱用やアルコールの有害な摂取を含む、物質乱用の防止・治療を強化する。	**3.5.1** 物質使用障害に対する治療介入（薬理学的、心理社会的、リハビリ及びアフターケア・サービス）の適用範囲
3-8 栄養不足	**2.2** 5歳未満の子供の発育阻害や消耗性疾患について国際的に合意されたターゲットを2025年までに達成するなど、2030年までにあらゆる形態の栄養不良を解消し、若年女子、妊婦・授乳婦及び高齢者の栄養ニーズへの対処を行う。	**2.2.1** 5歳未満の子供の発育阻害の蔓延度（WHO子ども成長基準で、年齢に対する身長が中央値から標準偏差-2未満）
3-9 公園や図書館	**11.7** 2030年までに、女性、子供、高齢者及び障害者を含め、人々に安全で包摂的かつ利用が容易な緑地や公共スペースへの普遍的アクセスを提供する。	**11.7.1** 各都市部の建物密集区域における公共スペースの割合の平均（性別、年齢、障害者別）

健康はきれいな空気から始まる

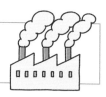

小さな粒が作る空気の汚染

　WHO（世界保健機関）の調べによると、2016年時点で全世界の人口の91％が、WHOの定める大気環境の基準値を満たさない、つまり、空気が十分きれいではないところに住んでいます。空気が汚れていると、心臓や肺などに負担がかかります。屋外の大気汚染によって世界で420万人が早く亡くなったとも推計されています。

　大気汚染の原因になる物質はいくつもあります。NOx（窒素酸化物）、SOx（硫黄酸化物）なども重要ですが、ここでは、PM2.5（微小粒子状物質）の濃度を取り上げます。PM2.5とは、空気中に浮いている、1ミリの1,000分の2.5という非常に小さい粒の総称です。工場や発電所の煙のように決まった場所で出るものや、自動車の排気ガスのように移動しながら出るもの、さらに、複数の物質が大気中で化学反応してできることもあります。

　そのためPM2.5の濃度が高い場所になりやすいのが、一般的には工業地帯や自動車の交通量の多いところなのです。さらに、火山の噴火や森林火災、大陸から飛んでくる影響の大小などが、濃度の地域差となって表れます。

人体に大きく影響する空気の「濃度」

　上のグラフでは、日本全国のPM2.5の年間の平均濃度と、PM2.5の環境基準を守れた地点の割合の推移を示しています。ここ数年、平均濃度は減少傾向で、環境基準の達成率は高まっていることが分かります。排ガス対策の浸透や、中国での環境規制強化も一因と言えるでしょう。

　同じ地点でも季節による変動があります。例年、年末～春先にかけて環境基準を超してしまう日が出る傾向です。東京都心のある地点では、下のグラフのように、3月が高い年もありました。降水量が多いと濃度は薄まる、風が弱いと濃くなるなど様々な要因があります。

　PM2.5の場合、数日でも濃度が高くなると、ぜんそくや呼吸器に持病のある人や子ども、高齢者に悪影響が出るという研究もあります。個人ができる対策としては空気清浄機を備えることももちろん有効ですが、「今日、自分は外出しても大丈夫か？」という情報と知識も重要でしょう。環境省には「そらまめ君」という、大気の状況をリアルタイムに把握できるシステムもあり、予測もできるようになっています。日本は先進国だから大丈夫だ、と考えないこと、さらに、規制（基準値）が十分に厳しいか、測り方が古びていないかといったことに関心を持つことも大切です。

3-1-1　PM2.5の環境基準達成割合と濃度の年平均値

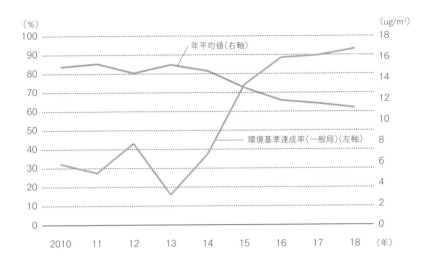

出所：環境省　平成 30 年度 大気汚染物質（有害大気汚染物質等を除く）に係る常時監視測定結果

3-1-2　ある測定地点における月別の濃度の動き

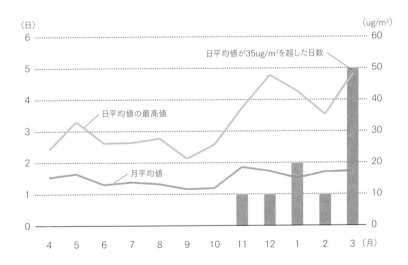

出所：国立環境研究所　東京都 2017年度 PM2.5 一般局／月間値

先進国で問題になる健康課題

アレルギーは現代病の一つと言われます。鼻炎や皮膚炎になると、症状の辛さのほか、集中しにくくなるなどの不便が多くなります。

どの程度の人がアレルギーかというと、日本では「約2人に1人」というのが最大値のようです。EUでは約3人に1人弱で、2025年には2人に1人になると予想されています。途上国よりも先進国での健康課題ですが、途上国でも、急速に経済発展を遂げた都会などでは、「急にアトピーが増えた」などの話が聞こえてきます。

また、日本では約36％の人が皮膚、呼吸器、目鼻のどれかにアレルギーの症状があったという調査もあります[i]。対象を学校に絞った調査では、アレルギー性鼻炎持ちの児童・生徒が9.2％いたという結果もあります[ii]。

もう少し狭く、患者として数えられる人数でみると、17年時点で、アレルギー性鼻炎は約66万人、アトピー性皮膚炎は約51万人となりました。上のグラフのようにどちらも増加が続いていますが、両方の患者数を単純に合計したとしても、人口の約1％にすぎません。「2人に1人」とはずいぶん差があることから、症状持ちでも病院には行かないなど、見えていない部分がかなりありそうです。

アレルギーとうまく向き合うためには

さて、日本ではアレルギー対策の元締めは、「アレルギー疾患対策基本法」です。この第15条には、生活環境の改善を図るためのポイントが「大気汚染の防止、森林の適正な整備、アレルギー物質を含む食品に関する表示の充実、建築構造等の改善の推進」と並んでいます。「大気汚染の防止」については前節でみたPM2.5以外でも、NOxなど多くの汚染物質では改善しています。ところが光化学オキシダントは下のグラフを見た限りそうなっていないように、まだまだきれいだとは言えません。光化学オキシダントは気候変動が進行することで悪化すると予想されています。

「森林の適正な整備」というのは主に花粉症対策です。花粉症をひどくしないために、まず、発生源となる森林について考えようというわけです。

「食品に関する表示」は、アレルギー源をうまく回避するための手立てで、「建築構造等の改善」は、シックハウス症候群の予防や、換気をよくしてカビなどが発生しにくい家づくりをしようということです。

アレルギー持ちでもそうでなくても、こうした対策の成果にはきちんと注目しておくことが必要でしょう。

[i] 厚生労働省「平成15年保健福祉動向調査」（アレルギー様症状） [ii] 文部科学省「アレルギー疾患に関する調査研究報告書」平成19年3月

3-2-1 患者数の推移

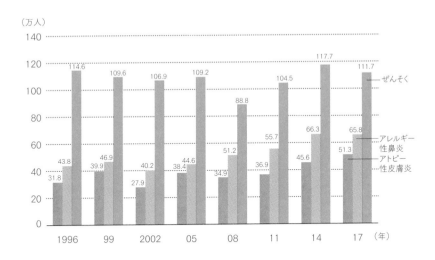

(万人)

ぜんそく

アレルギー
性鼻炎

アトピー
性皮膚炎

1996　99　2002　05　08　11　14　17　(年)

出所:厚生労働省　平成29年患者調査(傷病分類編)

3-2-2 光化学オキシダント(昼間の日最高1時間値)の年平均値の推移

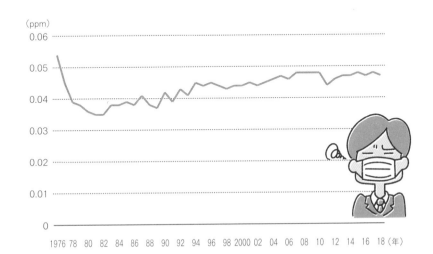

(ppm)

1976 78　80　82　84　86　88　90　92　94　96　98 2000 02　04　06　08　10　12　14　16　18 (年)

注:光化学オキシダントは、2001年まで光化学スモッグと呼ばれていました。
出所:環境省　平成30年度 大気汚染物質(有害大気汚染物質等を除く)に係る常時監視測定結果

生活は豊かになっても減少する心の健康

先進国では2人に1人がメンタル不調の経験者

　いつの間にか、「健康」というときに、「体（フィジカル）と心（精神）の健康」と、2つ並べるようになりました。心（精神）の健康に注目するようになったからですが、考えてみれば「病は気から」ということわざもありますね。

　いくつかの心の病気をまとめて「精神疾患」と呼びます。その年間患者数の推移を上のグラフでみてみましょう。15年間で、全体で約6割増え、年間400万人を超えています。これは病院などにかかっている人の数なので、「かかったことが"ある"（今はかかっていない）」人は含まれていません。人生でメンタル不調を経験したことがあるか、を数えたとすれば、先進国では2人に1人が経験者とも言われています。

　グラフに戻ってみましょう。まず増え方が大きいのは「認知症（アルツハイマー病）」で、15年間に5倍以上になっています。認知症の患者数全体は、2012年に462万人だったため、ここでみているのは認知症のうちではごく一部であることに注意しましょう。ここからは、超高齢化に伴い「精神疾患」も増えているということが分かります。人数で多いのは、127.6万人の「気分障害」で、うつ病が含まれています。年齢別にみて多いのは「65歳以上」ですが、10歳ずつの区切りの中では「45〜54歳」が多いです（下のグラフ）。

一つとは言えない「うつ病」の原因

　年齢別の分布をみてしまうと、仕事のせいなのでは？　と思いたくなりますが、すべての世代にとって、うつ病の"原因"は一つとは言えません。うつ病は「脳のエネルギーが欠乏した状態」と言われています。エネルギー不足の状態と考えると、「十分摂れていない」「多く使ってしまっている」「使ったあと回復しない」など、様々な要因を想像できます。

　人類の歩みのなかでみると、脳のエネルギーが問題になったのはごく最近のことです。ずっと（そして今でも一部では）、体のエネルギー、つまり飢餓が問題だったのです。

　病気に対する対処法の例として、「手洗い」が感染症の予防になることは「誰にとってもそうだ」と思うでしょう。ですが、日本でも、第二次世界大戦の直後は衛生状態が悪く、石鹸メーカーでは「手洗い」という行動の習慣付けから始めたそうです。

　脳のエネルギーを保つことについても、手洗いのように分かりやすく、しかも一人ひとりの性格や特徴に合った習慣が分かるようになってほしいものです。

3-3-1　精神疾患による患者数

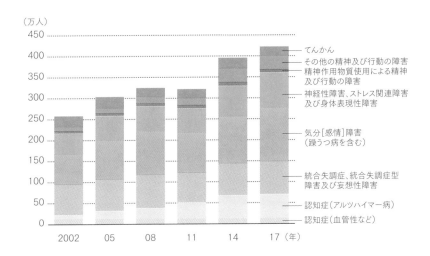

出所：厚生労働省　みんなのメンタルヘルス

3-3-2　年齢別精神疾患の患者の割合（2017年）

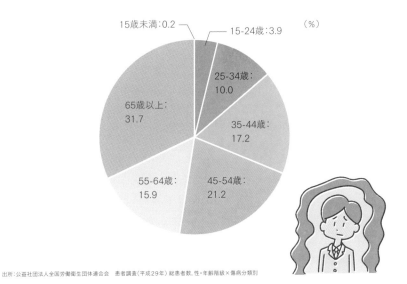

出所：公益社団法人全国労働衛生団体連合会　患者調査（平成29年）総患者数，性・年齢階級×傷病分類別

3-4 マイノリティが幸せになれば自殺が減る？

国によって異なるデータ

　自殺に見えて実は違った……ということは、推理小説だけではなく現実の世界にも起こります。逆に病気扱いとされたが自殺だった、もあり得ます。

　WHOによると、世界で80カ国しか、自殺について信頼できるデータを提供できていないそうです。先進国対象のOECDでも、「国別のデータ比較には注意せよ」と書かれています。OECDでの自殺の定義は「結果がそうなることをしっかり分かった個人が意図して実行した結果の死」ですが、「意図」の確認の方法や、判断した人、法医学的見地からの事後調査の有無、守秘義務の条件などが国によって変わるためです。測り方や比べ方が難しいという前提で日本の現状をみてみます。先進国の国別の自殺死亡率（人口10万人当たりの自殺による死者数）では、日本は15〜16人で高い方です（上のグラフ）。パッと見ると、韓国・日本と、東欧諸国が高く、南欧が低くなっています。

増える子どもの自殺率

　高齢者の年齢区分を詳しく分けるようになった2007年以降では（下のグラフ）、国内の自殺者数は全体で減り、19年には合計約2万人となりました。バブル崩壊後の1990年代末、借金や過労などの理由で急上昇した分の数が減ったからです。ところが、子ども世代では、改善どころか悪化しているとも言えます。30・50・60代では約半分に減っているのに、19歳まででは20％増となったのです。若い世代については、20代・30代で死因の1位が自殺になるなど、まだ事態は深刻です。

　自殺に至ってしまった理由は、日本では、経済・生活、健康、家庭、勤務、学校、男女の6つの側面で分析されています。全体で約4分の3の死者について理由を把握できており、うち半分近くに健康問題が挙げられています[i]。ただ4分の1は「分からない」のです。

　ところで、WHOでは、メンタル不調者のほか、差別を経験した人（難民、移民、LGBTI、囚人）がハイリスクだと指摘しています。理由というより「どんな人」が自殺しやすいかというプロフィールの分析による指摘なのでしょう。

　日本の統計からは、無職の人がハイリスクらしい程度しかそれを垣間見ることができません。性的マイノリティへの理解促進は国の自殺対策で明記されていますが、差別が問題なのであれば、多様性や平等を大切にするといった基本姿勢が大切なのかもしれません。

[i] 厚生労働省「令和元年中における自殺の状況」付録1

自殺死亡率の国別比較（2018年または最も近い年）

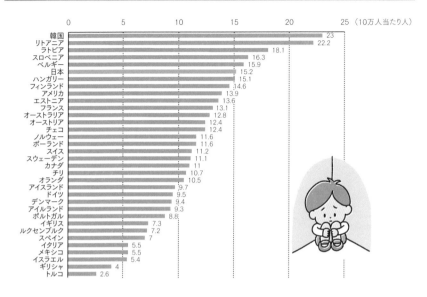

出所：OECD　Suicide rate

国内の年齢階層別の自殺者数の推移

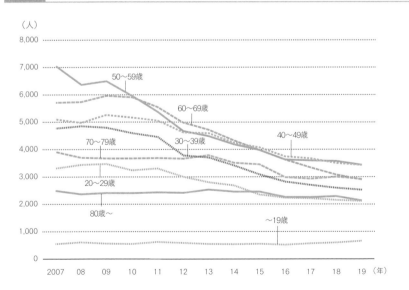

出所：厚生労働省　自殺の統計　年齢別自殺者数の推移

　本当にどこでも簡単に病院に行けるのか

先進国で比べると少ない日本の医者

　2020年の新型コロナウイルス感染症により、初めて耳にした「医療崩壊」。世界中で、患者でいっぱいの病院の映像や、他の病気の人がなかなか受診できなかったという話まで思い出すことができるでしょう。ここでは「崩壊」の反対の、「医療へのアクセス」について考えます。まず、医師の数からです。先進国の中では、日本のお医者さんの数は少ない方で、1,000人当たり2.43人でした（上のグラフ）。例えば1学年5クラスある小学校で1クラス35人として1,050人なので、その子どもたちを2人半で診るようなことです。結構少ないなと思いませんか。

　また、日本で特に少ないのが、女性の医師数です。女性医師の割合は最も低い21％で、人数としても約0.51人です。一人を切っているのは日本、韓国、アメリカ、トルコの4カ国だけでした。医師の数が多い国では男女比率半々というところが多く、特に女性医師が多い東欧諸国では7割前後が女性です。

　では、ちょっと体の調子が悪いな、と思ったときにパッとお医者さんに行っているかどうか、をみてみます。英語でDoctors' consultations（コンサルテーション）という、外来患者の状況を示す統計を使います。

　韓国と日本が上位で、日本では1人が1年間に平均12.6回、1カ月に1回以上はどこかのお医者さんにかかっているということになります（下のグラフ）。国によって医療制度が違い、例えば大規模な病院では外来を受け付けるかどうかなど、こうしたデータでも「前提となる制度」があり、単純に良し悪しと思わないよう気をつけましょう。

頻度が多くて費用が小さい日本の医療

　日本ではお医者さんにかかる回数は多い代わりに、一回当たりにかかる費用は小さい傾向にあるとも分析されており[i]、つまり、軽い症状で何度も診てもらっている特徴があると言えるでしょう。

　国際的にみると、日本は何と言っても平均寿命が長く、成人の肥満も少なく、医療費の多くは公的財源で支払われ、がんの生存率も高いと評価されています。

　けれども日本が「情報なし」のデータもあります。「必要な時の医師へのアクセス」や、お医者さんにかかったかどうかを所得階層別に分析したデータです。誰でも支払える程度の負担で保健・医療サービスを使えるかどうかを「ユニバーサル・ヘルス・カバレッジ」というのですが、日本語にもまだなじんでいません。こうした側面を、今後よく考える必要があると言えるでしょう。

[i] 前田由美子（日本医師会総合政策研究機構）「医療関連データの国際比較」2019

3-5-1　人口1,000人当たりの男女別医師数（推計）

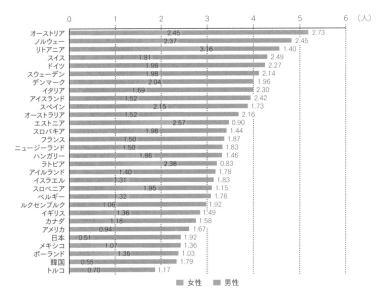

国	女性	男性
オーストリア	2.45	2.73
ノルウェー	2.37	2.45
リトアニア	3.16	1.40
スイス	1.81	2.49
ドイツ	1.98	2.27
スウェーデン	1.98	2.14
デンマーク	2.04	1.96
イタリア	1.69	2.30
アイスランド	1.52	2.42
スペイン	2.15	1.73
オーストラリア	1.52	2.16
エストニア	2.57	0.90
スロバキア	1.98	1.44
フランス	1.50	1.87
ニュージーランド	1.50	1.83
ハンガリー	1.86	1.46
ラトビア	2.38	0.83
アイルランド	1.40	1.78
イスラエル	1.31	1.83
スロベニア	1.95	1.15
ベルギー	1.32	1.76
ルクセンブルク	1.06	1.92
イギリス	1.36	1.49
カナダ	1.18	1.58
アメリカ	0.94	1.67
日本	0.51	1.92
メキシコ	1.07	1.36
ポーランド	1.35	1.03
韓国	0.55	1.79
トルコ	0.70	1.17

出所：OECD　dataのDoctors, Total及びHealth Statistics 2019より筆者作成

3-5-2　一人当たり年間の外来受診数

国	回数
韓国	16.9
日本	12.6
スロバキア	10.9
ハンガリー	10.7
ドイツ	9.9
リトアニア	9.9
トルコ	9.5
オランダ	9
チェコ	8.2
オーストラリア	7.8
ポーランド	7.6
スペイン	7.3
ベルギー	7.2
カナダ	6.7
スロベニア	6.6
オーストリア	6.6
ラトビア	6
フランス	5.9
ルクセンブルク	5.8
アイルランド	5.8
エストニア	5.6
ノルウェー	4.5
フィンランド	4.4
スイス	4.3
デンマーク	3.8
ニュージーランド	3.8
チリ	3.8
メキシコ	2.8
スウェーデン	2.7

出所：OECD　Doctors' Consultations Total.

フィンランドと日本の出生率低下は意味が違う

注目をあびたフィンランドの出生率低下

　2019年、日本の女性一人が生涯に産む子どもの人数の平均（合計特殊出生率）は、1.36に低下しました。同じように出生率の低下が話題になった国の一つに、フィンランドがあります。10年代に出生率が下がり続け、19年には1.35となったのです。フィンランドといえば、19年には34歳（当時）の世界最年少の女性首相が誕生するなど、男女の平等が進んだ社会です。また、幸福度調査で上位国の常連であり、子どもの教育環境もよい国として知られています。

　ただ、出生率が下がったからといって、女性や子どものための制度をよくしても「少子化対策として意味がない」と結びつけることはやめておきましょう。日本を含む先進国で出生率が急減した1970年代前半、フィンランドはすでに2を切っており、1.5まで下がった国としても最初です（上のグラフ）。

　そこから上昇して1.9になる年もありましたが、また下がってきているのです。他方、日本の長期的推移からは、はっきりとした上昇は見て取れません。よく似た1.35前後でも、特に女性の生活状況は違うのです。

増える女性特有の病気の患者

　さて、女性の生活と妊娠という点で、日本に気になるデータがあります。それは、女性に特有の病気の患者数が増えていることです（真ん中のグラフ）。約10年で特に増えたのは、月経障害（2.4倍の13万人）、子宮内膜症（1.5倍の6.7万人）です。

　月経のたびに不便を感じるのは、女性の100％と言ってよいのではないかと思います。それが病院に行くほどになってしまうと、生活の質（Quality of Life）は大いに下がってしまいます。病気の要因は様々で、ストレスや食事、喫煙などが考えられます。女性はパートなど非正規雇用で働く人が多く、非正規は正社員よりも健康診断の受診率が低く、専業主婦はさらに低いことから、健康状態をチェックする機会も少ないかもしれません。

　また、結婚や、子どもを産む年齢が上がってきています。年齢が上がるほど妊娠しにくくなることから、不妊症に悩む人も、近年増えています（下のグラフ）。悩みごとはすなわちストレスにもなります。仕事との両立にも気を遣うからでしょう。

　世界的にみて女性は男性より平均寿命が長く、健康ネタのデータでは女性の方がよいことが普通です。けれども、最近のこうした女性特有のデータの悪化状況は、このままで大丈夫なのか心配にさせられます。

3-6-1 日本、フィンランド、その他先進国先進国における出生率の推移

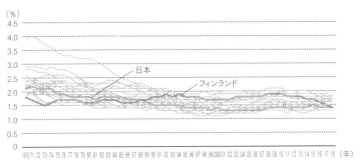

出所：OECD　Fertility rates（indicator）

3-6-2 月経、子宮や卵巣の患者数

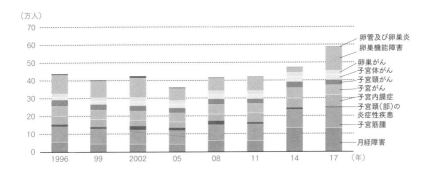

出所：厚生労働省　平成29年患者調査（傷病分類編）

3-6-3 不妊症患者数の推移

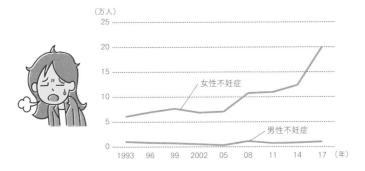

出所：厚生労働省　平成29年患者調査（傷病分類編）

カジノはまちに何を与えるのか

唯一統計が取られた「アルコール依存症」

　アルコール、薬物、ギャンブルなどの「〜依存症」は病気で、きちんとした治療を受けるべきものです。それらにのめりこみすぎて、「もっと欲しい」「もっとやりたい」気持ちを生活の最優先にしてしまい、我慢するとかえって心や体の調子が悪くなる状態を依存症といい、放っておくと、日常生活を満足に送れなくなってしまうからです。

　依存症の中で、人類が最も長くつきあっているのはおそらく、アルコール依存症でしょう。日本で、依存症として昔から統計が取られているのはアルコールのみで、2017年には4.6万人でした。過去30年で平均4.1万人程度なので、さほど増えても、減ってもいない状況です。

　ギャンブル（公営競技〔競馬、競輪、競艇〕とパチンコなどの遊技）については、専門家の調査によると、最近の1年間での依存が「疑われる」人は、成人の0.8％と推計されました（生涯を通じた経験者なら3.6％）[i]。0.8％とは、約80万人に当たります。アルコール依存症では1年間で「疑われる」推計がないため簡単に比較はできませんが、ギャンブルなどの依存症で治療が必要な人も相当いることでしょう。

「ギャンブル依存症」の治療費は国民健康保険から

　日本で複数の建設構想があるカジノ（統合型リゾート）については、経済効果（建設、宿泊、飲食、ギャンブルそのものなどによる）は具体的に説明されますが、カジノ参加者からギャンブル依存症の人が増えても、その治療費は公的医療保険で分担することになります。カジノ参加者でギャンブル依存症になった人がいないか、追跡調査するという話はききません。アルコールを含む薬物と、ギャンブルに続き、最近心配され始めたのがゲームへの依存症です。WHOは2018年、国際的に共通の病気分類に、ゲーム障害を追加しました。

　ゲーム障害は、インターネットと深く結びついています。インターネットを利用する人の約4分の3が何らかの不安を感じており、うち「自分や身近な人がインターネット依存になっていないか」が不安と答えたのは12.1％でした。世代・性別でみると、若い男性と、母親世代の女性に多めになっています（上のグラフ）。

　他方、中高生のネット依存が「疑われる」人の割合は、全体で14.2％（93万人）、女性の方が高く16.6％という調査もあります（下のグラフ）。リアルな集客を前提としたカジノよりも、インターネット上のゲームに、心配事の中心は移っていくのかもしれません。

[i] 国立病院機構久里浜医療センター「国内のギャンブル等依存に関する疫学調査（全国調査結果の中間とりまとめ）」（2017）P6

3-7-1 **「自分や身近な人がインターネット依存になっていないか」不安と答えた人の割合**

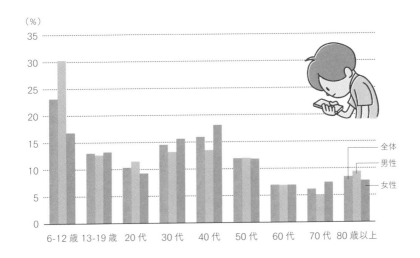

出所:総務省　令和元年通信利用動向調査

3-7-2 **中高生男女別のインターネット依存の割合**

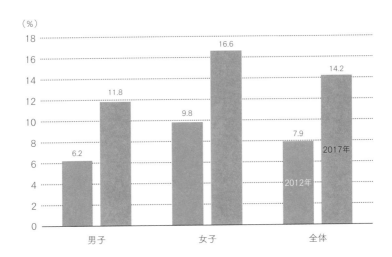

出所:国立病院機構久里浜医療センター　ゲーム障害について

栄養不足の影響は胎児に及ぶ

なぜ日本で低体重児が増えるのか

　日本では赤ちゃんの全体数が減っていますが、そのなかで増えているタイプの赤ちゃんがいます。それは、出生時の体重が2,500グラム未満の小さく生まれてきた子のことで、「低出生体重児」と呼ばれます。「未熟児のこと?」って思われる方もいるかもしれません。体重が小さいことと、「未熟」であることは別なので、今は「低出生体重児」という言葉を使います。

　上のグラフのように、1975年以降のデータが揃う9カ国を比べてみました。この約40年のあいだで、低出生体重児の割合がぐっと高くなっているのが日本です。最初は5.1％とむしろ低めだったところから、9.4％と、倍増近くなりました。他国はほとんど変化がなく、デンマークが1.2ポイント減ったことだけがやや目につきます。

　低出生体重児で生まれて何が問題になるかというと、大人になったときに生活習慣病になりやすくなることが分かってきています 。つまり、生まれる前の胎児のときの状態が、数十年先の健康状態を左右するのです。

　また、特に初産の母親や父親にとって、「同じ誕生月の子よりずっと小さい」「言葉の成長も遅いのではないか」といった心配など、子育ての不安要素が多くなる可能性があります。

「女性に厳しい」日本の現実

　では、低出生体重児が増えたのはなぜでしょうか。全体として、女性が子どもを産む年齢が上がったこと、不妊治療を受ける人が増えて双子が増えたこと、新生児医療が進むことで早産でも生まれやすくなったことなどが考えられています[i]。

　ただ、こうした理由は、先進国に共通の現象です。日本の特徴は、やせている女性の増加や、妊娠中の体重増加に対する指導が厳しいことと言われています。

　やせている女性、というと、10〜20代の女性のダイエットをイメージするかもしれませんが、下のグラフのように、子どもを産む中心世代の30代で、やせている女性の割合が増えているのです。

　私たちは、「自分の体重を増やしすぎてはいけない」と考えやすいです。しかし、「やせすぎる→赤ちゃんが小さく生まれてくるかもしれない→そうなると心配事が増えるし、赤ちゃん自身の健康も心配」という可能性が、長い目でみるとあるのです。

i 例えば山本依志子（国立研究開発法人　国立成育医療研究センター）[2019]「低出生体重による成人期生活習慣病を含めた疾病負担に関する研究」、研究

3-8-1　低出生体重児の割合

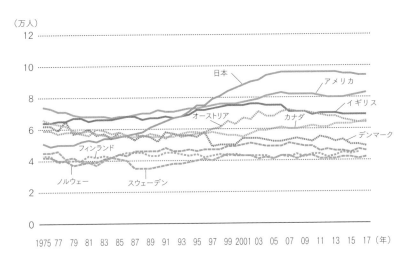

（万人）

日本　アメリカ　イギリス　オーストリア　カナダ　デンマーク　フィンランド　ノルウェー　スウェーデン

1975 77　79　81　83　85　87　89　91　93　95　97　99 2001 03　05　07　09　11　13　15　17（年）

出所：OECD　Infant health low birthweight

3-8-2　やせている女性の割合推移

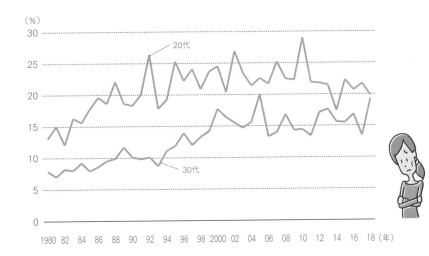

（％）

20代

30代

1980 82　84　86　88　90　92　94　96　98 2000 02　04　06　08　10　12　14　16　18（年）

出所：厚生労働省　国民健康・栄養調査　平成29年、30年版

公園や図書館はあなたの資産でもある

長期的に減少する「緑のある土地」

　欧米に比べ、日本の都市には公園が少ないと言われます。東京とベルリンやロンドンを比べると、一人当たりの面積にすると5倍も違うことが分かります。国内で、公園の中でも「都市公園」という分類に当たるものだけ比較すると、都道府県によってもかなり差があります（上のグラフ）。

　日本では、実は公園の数や、一人当たりの面積はじわじわと増えています。2010年から17年までに一人当たり8％増え、もうすこしで10㎡です。ただ、緑のある土地という意味では、森林や農地が住宅地に変わるなどの影響により長期的に減少しており、あくまでも「公園」として整備した空間が増加傾向にあるのです。

　公園でちょっと体を動かすことは健康にもよいため、最近では健康寿命を延ばすための取り組みとして、公園の活用をPRする自治体もあります。けれども、公園を日常的に利用している人は、身近な公園であっても10％程度しかいません[i]。もっと公園に行きやすければいいなと感じている人もいるでしょう。空き家や工場跡地など、人口や産業が変化してできた土地をどう使うのか、積極的に考えるためにも、もう少し立ち寄ってみた方がよいのかもしれません。

課題は資料費や専門性のある人材の育成

　図書館も、人口が減っているわりには増えており、公共図書館は全国に3,300館以上あります。登録している人も5,800万人近くおり、日本の人口の2人に1人近くに上ります（下のグラフ）。年間で一人平均約12点の本などを借りています。

　図書館の役割は、本を借りて読めることだけではなく、最近では、もっと幅広いものだという見方が広がっています。地域における生涯学習の窓口、学習やビジネスにおいて知りたい情報へのアクセスを手伝ってくれる専門家（司書）の存在、自然災害を含む地域の情報の保存（アーカイブ）機能、家庭や学校、職場以外に情報や人と交流する場などが挙げられます。紙の本だけではなく、あらゆる種類の適切なメディアと技術が活用されていなければならない、ともされます。

　課題は、資料費や専門性のある人材の育成などの費用です。2019年の資料費（予算）は2000年よりも約20％減って約2,791億円でした[ii]。お金をかければよいというわけではありませんが、直感として、期待されているわりに運営上の苦労が多いことが想像できるでしょう。

---

[i] 国土交通省「平成26年度 都市公園利用実態調査」図表30〜32.　[ii] 公益社団法人日本図書館協会「日本の図書館統計」

一人当たり公園面積の比較

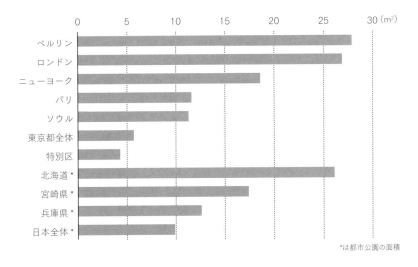

*は都市公園の面積

出所:東京都都市整備局　都市計画公園・緑地の整備方針(令和2年7月改定)

公共図書館の変化

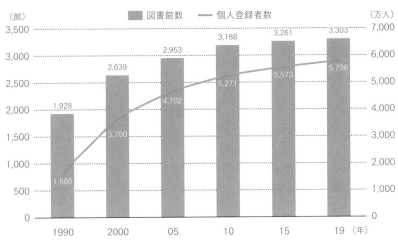

出所:公益社団法人日本図書館協会

第 **4** 章

住み続けたい
まちの秘密

第4章 | 解 説

　自治体がSDGsに取り組むときに、一番人気といってよい目標が11番の「住み続けられるまちづくりを」です。町や都市という“空間”をみている目標はほかにはないことから、外せない、と考える市町村が多いのは自然ですね。

　また、自治体だけではなく、都市の建設や鉄道事業などに関わる企業にとっても、「住み続けられる」というのは大事な言葉だと言えるでしょう。私がいつも乗る私鉄でも、社会貢献活動の方針に「未来にわたり住みたいまち」という表現が入っています。

　日常生活のすぐまわりにある“まち”について、私たちが最初に学ぶのは小学生のときです。学校区内の公的機関や神社・お寺、商業施設などを探検したり、川で生き物を観察したりすることで、いつも自分が通っている道以外の身近な自然・社会環境を学んでいくわけです。

　大きくなるにつれて、学びの対象はどんどん広くなり、日本や世界の地理や歴史に発展していきます。この本で扱っているサステナビリティは、現状の課題を拾い集めながら未来をどんなふうに考えていくか、少し先に目を凝らすような要素が入っています。身近なところから徐々に考える対象を広げていく、という順番でみると地球の将来のことを考えるのはずいぶん遠くにあるように思えてしまうかもしれませんが、地球の将来も、あなたの住むまちもつながっています。

　新型コロナウイルス感染症対策で自宅にこもることが増えて、自宅の周辺がどんなふうになっているのか、改めて、あるいは初めてよく観察したと思う方もいらっしゃるのではないでしょうか。私も、平日の昼間の地域ではこんな音がしていたとは知らなかったとか、1日の天気の変わり方はこんなふうだったとか、細かいことですが

色々出てきました。

　例えばごみ出しについて考えてみると、廃棄物の収集・焼却は、ずっと滞りなく行われています。ごみ収集車の先にある焼却炉は、全国的にみると最初に建設したときから年数の経っているものも多いです。それらを今後どう更新するのかは、人口減少や廃棄物自体を減らそうという方向性（食品やプラスチックなど）を考えると、地域にとっては実は大きな課題です。

　このように、身近なところからいくらでも考えを膨らませることができるのが、住むまちに関するテーマです。

●校区を知るところから子どもの世界が広がっていく話をしました。この「校区」というのは子どものいない家庭にとってもわりと分かりやすい地域の区切りなのではないかと思います。少子化などの影響による廃校をきっかけに地域についてどう考えるのか、を調べてみました（4-1へ）。

●校区については誰でも自分の経験からイメージできるものがあると思います。逆に、耳にする人にとっても具体的にどういうことなのか、実はよく分からない言葉の代表例が「スマートシティ」ではないかと思います。スマートシティに関わる共通要素の整理を試みます（4-2へ）。

●公園や図書館について第3章でも取り上げましたが、そうした施設を含め、家でも学校や職場でもない「居場所」がまちにあるか、ということが気になります。物理的な場所と、そこで活動する非営利団体について調べてみます（4-3へ）。

第4章 解説

●まちには、移動手段も必要です。環境にも健康にもよさそうな自転車が見直されていますが、一方で事故が多いとも言われていますので、それについてみてみます（4-4へ）。

●上水、下水、廃棄物処理、エネルギーなど、私たちの暮らしには欠かせない「ライフライン」と呼ばれるようなインフラがあります。幅広いテーマなのですが、特に水道事情に着目してみます（4-5へ）。

●実は、ライフラインも変化しています。1995年の阪神・淡路大震災のときには、被災しなかった公衆電話に長い列ができており、固定電話の回線も非常に大切でした。最近ではまったく事情が異なります。同じようなことが、金融（現金）をめぐっても起きているかもしれません。金融サービスへのアクセスについて取り上げます（4-6へ）。

●長い時間をかけて出来上がるのがまちですが、一気に変化してしまうのが、自然災害のときです。気候変動が進むにつれて、異常気象がますますひどくなることが予想されています。自然災害とまちづくりについて、世界全体で分かることをまとめてみます（4-7へ）。

●まちには、建物や道路、橋のような見えるモノだけではなく、人と人とのつながりがあります。なにかと「おひとりさま」「ソロ」が注目されがちな昨今ですが、人間関係がいま、どのようにデータになって表れているのか、ヒントを探してみます（4-8へ）。

第4章で扱う指標	169のターゲット	指標(総務省仮訳)
4-1 住民参加	11.3　2030年までに、包摂的かつ持続可能な都市化を促進し、全ての国々の参加型、包摂的かつ持続可能な人間居住計画・管理の能力を強化する。	11.3.1　人口増加率と土地利用率の比率
		11.3.2　定期的かつ民主的に運営されている都市計画及び管理に、市民社会が直接参加する仕組みがある都市の割合
4-2 まちのモビリティ	9.1　全ての人々に安価で公平なアクセスに重点を置いた経済発展と人間の福祉を支援するために、地域・越境インフラを含む質の高い、信頼でき、持続可能かつ強靱(レジリエント)なインフラを開発する。	9.1.1　全季節利用可能な道路の2km圏内に住んでいる地方の人口の割合
	11.2　2030年までに、脆弱な立場にある人々、女性、子供、障害者及び高齢者のニーズに特に配慮し、公共交通機関の拡大などを通じた交通の安全性改善により、全ての人々に、安全かつ安価で容易に利用できる、持続可能な輸送システムへのアクセスを提供する。	11.2.1　公共交通機関へ容易にアクセスできる人口の割合(性別、年齢、障害者別)
4-3 NPO法人	17.17　様々なパートナーシップの経験や資源戦略を基にした、効果的な公的、官民、市民社会のパートナーシップを奨励・推進する。	17.17.1　(a)官民パートナーシップにコミットしたUSドルの総額 (b)市民社会パートナーシップにコミットしたUSドルの総額
4-4 交通事故	3.6　2020年までに、世界の道路交通事故による死傷者を半減させる。	3.6.1　道路交通事故による死亡率
4-5 水道	6.1　2030年までに、全ての人々の、安全で安価な飲料水の普遍的かつ平等なアクセスを達成する。	6.1.1　安全に管理された飲料水サービスを利用する人口の割合
4-5 下水道	6.2　2030年までに、全ての人々の、適切かつ平等な下水施設・衛生施設へのアクセスを達成し、野外での排泄をなくす。女性及び女児、並びに脆弱な立場にある人々のニーズに特に注意を払う。	6.2.1　(a)安全に管理された公衆衛生サービスを利用する人口の割合、(b)石けんや水のある手洗い場を利用する人口の割合
4-6 金融サービスへのアクセス	8.10　国内の金融機関の能力を強化し、全ての人々の銀行取引、保険及び金融サービスへのアクセスを促進・拡大する。	8.10.1　成人10万人当たりの商業銀行の支店数及びATM数
		8.10.2　銀行や他の金融機関に口座を持つ、又はモバイルマネーサービスを利用する成人(15歳以上)の割合
4-7 自然災害	13.1　全ての国々において、気候関連災害や自然災害に対する強靱性(レジリエンス)及び適応の能力を強化する。	13.1.1　10万人当たりの災害による死者数、行方不明者数、直接的負傷者数(11.5.1も同じ)
	11.5　2030年までに、貧困層及び脆弱な立場にある人々の保護に焦点をあてながら、水関連災害などの災害による死者や被災者数を大幅に削減し、世界の国内総生産比で直接的経済損失を大幅に減らす。	11.5.2　災害によって起こった、グローバルなGDPに関連した直接経済損失、重要インフラへの被害及び基本サービスの途絶件数

学校のないまちの未来を考える

約7割で活用される廃校

「廃校」と聞いて何を思い浮かべるでしょうか。母校がなくなることの寂しさを感じる人もいれば、さほど思い入れがない人もいるでしょう。ここではまちづくりの観点から、廃校について考えてみます。

まず、公立小学校当たりの子ども（児童）の数の変化をみてみます。戦後からの長期データでみると、2回のベビーブーム世代が小学生だった頃に二つの山があり、その後下がっていますが、21世紀に入ってからは横ばいです（上のグラフ）。2000年から19年までは、児童数も学校数も8割台まで減ったため、学校当たりではほぼ横ばいになったのです。子どもの数が減るのに合わせ、全国的に廃校が進んでいることが分かります。

小学校には、多くの場合歩ける範囲の「校区」があり、まちとしての単位にもなっているわけですが、廃校になったあとの校舎や体育館はどうなるのでしょうか。廃校の活用状況については、元が小学校に限らないデータになりますが、02年以降では7割弱で活用されています。

反映されにくい地域住民の意見

校舎の活用の用途をみると、学校や体育館、公民館、福祉施設など、公的なものが多くなっています（真ん中のグラフ）。専門学校や私立の学校に生まれ変わる例もあります。最近では企業等の施設や創業支援施設、体験交流施設が特に増えています。企業による利用方法には、いろいろなパターンがあります。農産物や食品の加工のための工場や、サテライトオフィス、研修施設など用途は多岐にわたっています。

ところで、廃校の活用についてまちづくりの観点で考えると、気になるデータがあります。それは、地域住民の意見です。アンケートやヒアリングを実施している例もありますが、約半分のケースで、地域住民の意見を集めるプロセスを経ていない状況です（下のグラフ）。

地域住民といっても、みんなに学校への関心があるとは限りません。しかし、自分の生活する地域で起きる変化に対し、意見を言えるチャンスがあるというのは、大事なポイントです。日頃から、いつまでも住み続けたくなるようなまちはどんなところか、色々イメージを膨らませておいて、いざというときに何か言えるようにしておきたいものです。

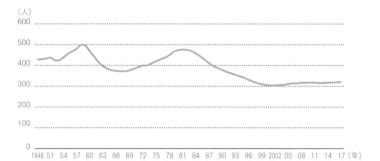

（人）

出所：文部科学省　文部科学統計要覧令和2年版

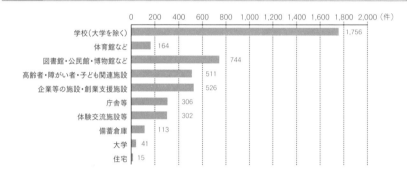

	件数
学校（大学を除く）	1,756
体育館など	164
図書館・公民館・博物館など	744
高齢者・障がい者・子ども関連施設	511
企業等の施設・創業支援施設	526
庁舎等	306
体験交流施設等	302
備蓄倉庫	113
大学	41
住宅	15

出所：文部科学省　平成30年度廃校施設等活用状況実態調査

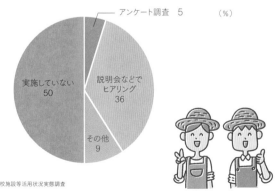

アンケート調査　5　　（%）

説明会などで
ヒアリング
36

実施していない
50

その他
9

注：6,264件中の割合

出所：文部科学省　平成30年度廃校施設等活用状況実態調査

スマートシティに住みたい人はどんな人？

途上国で進む近未来都市

　都市やまちづくりについて調べると、「スマートシティ」にきっと出合うと思います。近未来にふさわしい住宅、交通、エネルギー、ヘルスケア、通信、資源循環などの機能を備えたまちになるように、何らかの情報技術の仕掛けがあり、大量のデータがまちの何かを動かしていることが「スマートシティ」と名乗る条件のようです。

　スマートシティでの暮らしは、住宅では省エネと再エネが進み、移動に伴う渋滞や事故がなく、常時健康管理ができて健康寿命を延ばせ、雨水や資源も余すところなく使われるイメージです。最新技術にあふれています。

　未来の夢のようなまちの建設は、先進国よりも新興国・途上国で現在進行形です。大きな人口を抱える中国やナイジェリア、内戦のあと文字通り国を立て直すルワンダなどの国では、数十万人が住む都市の開発が進んでいます。

　先進国ではコペンハーゲン、トロント、ニューヨーク、シンガポールなどがスマートシティの先進都市として知られていますが、いずれも現時点で最高水準の通信インフラにより、既存の都市生活を効率化させています。公共データや住民の行動データが起点になることが多いです。

浮かんでこない住人の姿

　国内のスマートシティの計画には、超高齢化しても移動の自由や楽しみがキープできるような交通システムを作りたい、老朽化したかつての「ニュータウン」を再び活性化したい、といった内容が並びます（上の表）。

　ただ、国内外に共通して、データやモビリティという言葉は並ぶものの、「どんな人がスマートシティに住みたいのか？」を調べてみても、あまり"人物像"は浮かんできません。「スマートシティ」は、行政や、通信、インフラ、交通、不動産に関わる企業にとって使い勝手のよいキーワードですが、個人の利用者はあまり意識していなさそうです。

　スマートシティという言葉は知らない、このまちに暮らし続けたい、と思っている人が多いのかもしれません。今住んでいる地域に、老後を見越して住み続けたいか、というアンケートに対しては、都市の大小を問わず6割弱の人がそうしたい、と答えています。小都市（人口10万人未満）が最も多く、東京都区部では最も低くなりました（下のグラフ）。スマートシティ化により、今のまちに住み続けたいと考える人が増えるかどうかは、今後注目すべき指標かもしれません。

国内のスマートシティ例

所在地	地区	プロジェクトの特徴
北海道　札幌市	市の中心部および郊外	歩きやすいまちづくりにより健康増進
秋田県　仙北市	市全域	無人自動運転、スマート農業、ドローン物流など
茨城県　つくば市	市全域	高齢者が外出しやすいまち
栃木県　宇都宮市	市全域	次世代型路面電車でモビリティと観光
埼玉県　毛呂山町	町全域	自動運転、自動農業など民間主体のまちづくり
千葉県　柏市	柏の葉キャンパス駅周辺	駅を中心としたコンパクトな街の進化
東京都　千代田区	大手町・丸の内・有楽町エリア	データを活用したエリアマネジメント
東京都　江東区	豊洲エリア	未来の働き方、住まい、遊び方を提示
静岡県　熱海市、下田市	熱海市市街地、下田市市街地	自動運転やVRを活用した観光政策
静岡県　藤枝市	市全域	AI防災やオンデマンド交通で市民の利便性向上
愛知県　春日井市	高蔵寺ニュータウン	交通のベストミックスや生活を支えるエリアマネジメント
京都府　精華町、木津川市	けいはんな学研都市（精華・西木津地区）	モビリティの価値を高めるデータプラットフォーム
島根県　益田市	市全域	見守りや医療にIoTを活用し行政コストを削減
広島県　三次市	川西地区	支え合いや連携による中山間地での交通サービスの充実
愛媛県　松山市	中心市街地西部	データに基づく都市マネジメント

出所：国土交通省　スマートシティ先行モデルプロジェクト

老後まで住み続けたいか（都市の規模別）

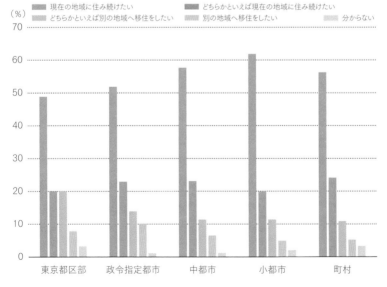

出所：内閣府　国土形成計画の推進に関する世論調査（平成27年度）表15

4-3 誰でも活躍できるために必要な場づくり

「サード・プレイス」が救う心

　サード・プレイスという言葉があります。アメリカの社会学者が使い始めたもので、家と職場や学校以外の、第三の居場所のことを指します。人によってその場所は異なり、カフェや公園、本屋や図書館など、ふらりと立ち寄れるような場所という意味で使われます。

　誰でも行けるという場所として、自治体などが持っている施設を考えてみます。公民館や図書館、博物館、体育館などの施設は全国にどのくらいあるでしょうか。あわせて約9万カ所に上ります（上のグラフ）。

　最も多いのは「社会体育施設」です。これは自治体が設立した体育館、水泳プール、グラウンドで、半分以上を占めています。そうした施設では様々な学級や講座が開かれており、最近では毎年約3,000万人以上の受講者がいます（のべ）。

　従来とイメージを変えつつある施設が、図書館かもしれません。本を借りて返すところ、というだけではなく、最近では地域の課題解決につながるようなサービス提供の場にもなりつつあります。子育てや教育支援を行う図書館が半分近くあり、職業やビジネスに関する支援を行う図書館も約3分の1あるという調査もありました[i]。

あなたのまちに「居場所」はあるか？

　さて、こうした自治体が主導する施設や講座のほか、住民を主体とした「場」もあります。高齢者らが集まって行う体操や趣味の活動、茶話会などのことで、「通いの場」と呼ばれるようになっています。これが全国に約10万カ所以上あり、200万人以上が参加しています。最近では、こうした場が介護予防に効果があるとも期待されています。「通いの場」でも体操や運動の教室が半分以上を占めており、気軽に体を動かしたいと考える人が多いことが想像できますね。

　また、NPO法人も含めた市民活動全般が活発なまちであればあるほど、いつまでも生き生きとして過ごせる人が多くなるのではないか？　という期待を聞いたことがあります。

　試しに、人口が40万〜50万人の市や区について調べてみます。大都市圏の市区や、地方の県庁所在地が並びました。NPO法人の数と「通いの場」の数をプロットすると、どちらも共通して多くなる傾向にありそうです（下のグラフ）。

　こうした、ゆるやかな「居場所」や「活動」については一つひとつ数えて調査するのが大変そうですが、住み続けたいまちの構成要素になる予感がします。

i 文部科学省平成27年度「公立図書館の実態に関する調査研究」報告書（平成28年3月）図7-2-1

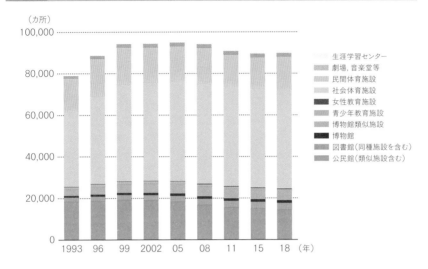

4-3-1　社会・教育施設数の推移

（カ所）

生涯学習センター
劇場, 音楽堂等
民間体育施設
社会体育施設
女性教育施設
青少年教育施設
博物館類似施設
博物館
図書館（同種施設を含む）
公民館（類似施設含む）

出所：文部科学省　平成30年度社会教育調査報告書

4-3-2　人口40万人台の都市における「通いの場」とNPO法人数

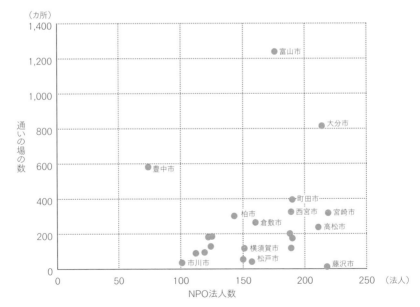

通いの場の数

富山市
大分市
豊中市
町田市
柏市　西宮市　宮崎市
倉敷市　　高松市
横須賀市
松戸市
市川市　　　　　藤沢市

NPO法人数

出所：内閣府　NPO法人ポータルサイト、厚生労働省「平成30年度介護予防・日常生活支援総合事業（地域支援事業）の実施状況」より筆者作成

エコでヘルシーだが事故の減らない自転車

改善状況にある交通事故の件数

　東京や大阪などでは、車を持たないという話をよく耳にします。一世帯当たりの自家用車保有台数が少ないのは東京都や大阪府、多いのは福井県や富山県です[i]。では自転車はどうでしょう。一世帯当たりの保有台数が多いのは滋賀県、大阪府、埼玉県、少ないのは長崎県、沖縄県、鹿児島県です[ii]。東京都は、自家用車や自転車の絶対数でみると多い方ですが、世帯数が多いために「世帯当たり」でみると小さくなります。

　さて、交通事故は、全世界でみると年間135万人が亡くなり、死因の8位となっています。低・中所得国では、全世界の60％しか車などを保有していないのに死者数では93％を占め、交通事情の差は深刻です[iii]。

　日本国内では、交通事故の状況は改善傾向にあります。死者数が3,000人台になった2016年以降も減少を続け、人口当たりでみても減っています（上のグラフ）。人口10万人当たりの死亡率は、全世界の6分の1程度です。

10倍以上になった「危険行為」の検挙数

　自転車に乗っているときの事故での死亡者も減っており、10年間で約6割になりました。

　けれども、事故が起こっている件数に目を向けると、東京や大阪では深刻な状況が続いています。10年前と比較すると事故の件数は減っていますが、この5年ほどでは、東京では増えているほどです（真ん中のグラフ）。

　交通事故全体の中で自転車が関わっている割合は、全国では約20％で推移しているのですが、東京では2019年に39％、大阪では33％に上ります。

　また、自転車での信号無視やスマホしながら運転などを含めた危険行為による検挙件数も、10年で10倍以上になったことからも、「自転車は危ない」というイメージは強くなってきているかもしれません。

　もう一度海外と比較します。主な先進国と比べると、日本は、死亡事故のうち、歩行中や自転車乗用中の割合が高くなっています（下のグラフ）。自動車の安全対策が進むのに比べて、歩いたり自転車に乗ったりするときの安全環境は、改善スピードが遅いとも言えるでしょう。移動にかかる環境負荷や経済的な負担が小さく、健康維持やリフレッシュのためにも有効な自転車や、歩くことそのものの安全を中心に据えたまちづくりを考えたいものです。

[i] 一般財団法人自動車検査登録情報協会資料　[ii] 一般財団法人自転車産業振興協会資料　[iii] WHO「Global status report on road safety 2018」

交通事故死亡者の推移

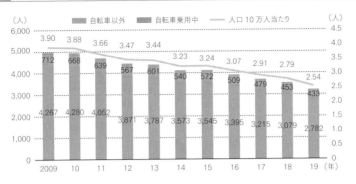

注：左軸が棒グラフ、右軸が線グラフ（人口10万人当たり人）
出所：警察庁　令和元年中における交通死亡事故の発生状況及び道路交通法違反取締り状況等について

4-4-2　自転車の関わる事故の件数とその割合（東京都/大阪府）

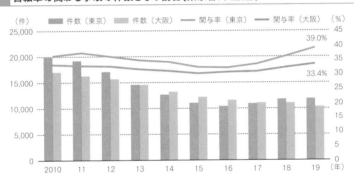

出所：警視庁　都内自転車の交通事故発生状況、大阪府警察本部 自転車関連事故の全交通事故に占める割合の推移

4-4-3　状態別の交通事故死者数の割合（2017年）

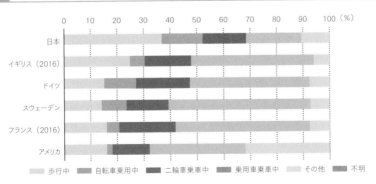

出所：内閣府　令和元年交通安全白書

4-5 ライフラインの維持更新投資を誰が返済するか

老朽化が進む日本の水道事情

ライフラインとは「命綱」という意味ですが、日本では1995年の阪神・淡路大震災をきっかけに、エネルギー・水・交通・通信など生活に必要不可欠なインフラのことを指します。このうち水に着目しましょう。電気や通信など他の生活インフラと違い、水は使う方（上水）も流す方（下水）も、原則として自治体がサービスを提供しています。この、あって当たり前のようなインフラを、今後どのように維持していくのかが、大きな課題になっているのです。

水道の普及率は全国では98％と、ほぼ完備されています（上の表）。地下水利用のしやすい熊本県が88.1％のほか、大分、山口など95％に満たない県もあります。下水道は水道より整備時期が遅かったこともあり、完備とまでは言えません。

日本でも「100％普及」ではないことを頭に入れたうえで、課題をみていきます。上水も下水も、施設の老朽化が進んでいます。地面の中を管が張りめぐらされている「管路」でみてみると、更新時期にある管路の割合は年々上がっています（下グラフが水道のケース）。

けれども、人口減少によって収入減少が見込まれていること、そもそも財政の状況が厳しいことから、なかなか更新が進んでいないのです。

更新するのに値上げは不可欠か

更新が進まないと、破裂や漏水などの事故が増えます。また、耐震化が進まないと、地震による被害も心配です。上水と下水を比べて大きく異なるのが、「代わりがあるか」という点です。特に災害時、上水の方は、給水車やペットボトルの水がありますが、下水には代わりがありません。

下水は、ふだんから、トイレなどの汚水と、雨水の両方を処理しており、豪雨の増えた最近ではその役割が重くなっているとも言えます。最近では自治体の事業を広域化したり、管理をより効率化したりすることも進められています。

水道料金も下水道料金も、今後必要な投資を行っていくためには、料金の値上げが必至でしょう。2045年に水道で64％増[i]、下水道で1.7～2.3倍増[ii]といった試算もなされています。水というとトイレなどの節水技術が注目されがちですが、供給側の事業の構造から工法、設備まで、何をしたらどれだけよくなるのか、利用者の私たちがもっと関心を持つ必要もありそうです。

[i] 日本政策投資銀行（2017）「水道事業の将来予測と経営改革」　[ii] 日本政策投資銀行（2019）「下水道事業の経営課題と将来予測」

4-5-1 上下水道の現状

	上水道	下水道
整備された時期	1960～80年代が中心	1980年代～2000年代が中心
普及率 （2018年3月時点）	約98％（簡易水道を含む）	約79％（合併処理槽等の 汚水処理を含めると約91％）
管路を使える期間	40～60年	50～80年
毎年実際に改善さ れている管路の率 （2015年）	0.76％	0.24％
何年かかるか	130年	400年以上
誰が支払うか	使う人（受益者負担）で、 ほぼ独立採算	雨水は公費、汚水は私費

出所：環境省「平成30年度末の汚水処理人口普及状況について」、日本政策投資銀行「下水道事業の経営課題と将来予測　2019年4月」、日本下水道協会「下水道処理人口普及率」

4-5-2 上水道の管路更新の状況

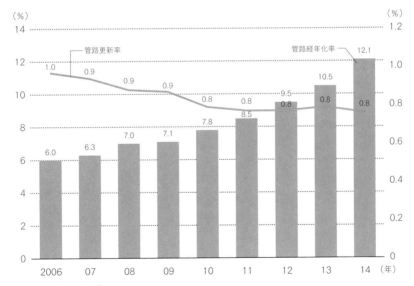

注：左軸が棒グラフ（管路経年変化率）
出所：経済産業省　平成28年公営企業の経営のあり方に関する研究会（第7回）

人口当たりATMでは豊かさは測れない？

所得の低い国で期待される金融サービスへのアクセス

ライフラインとまでは呼ばれていないものの、サステナビリティについて考えるうえで大切なことに「金融サービスへのアクセス」という切り口があります。預金、振込、自動引き落とし、カード払いなど、個人が安全にスムーズな経済活動を行うためには、金融サービスを「使える状態にある」ということが重要なのです。

世界的に、この「金融サービスを使える状態」を測る方法に変化が起きました。以前は「銀行等に口座を持っているかどうか」でみていたところ、今では「銀行等に口座を持っているか、または、モバイルマネーサービスが使えるか」となったのです。

この割合についてみると、日本では98％が該当し、全世界では68％でした。日本は以前から高く、高所得の国の中でもさらに高い割合です（上のグラフ）。この理由の一つは、先進国でも、銀行口座を開設することが日本ほど簡単ではない国もあるためです。モバイルマネーサービスによる金融サービスへのアクセス向上は、特に所得の低い国で期待されています。

金融サービスへのアクセスを測るには、「人口当たりのATMの数」という視点もあります。日本でもキャッシュレスが進み、世界ではさらに進んでいるならば、今どきATMの数なのか？　と感じる方もいるかもしれません。

北欧やエストニアで減少するATM

日本では、2019年中の給与振込口座から使われたお金112兆円のうち、キャッシュレス（口座振替・振込）の割合は51％となり、前年比2ポイント増えて半分を超しました[i]。ただ、そのうち4％分はATMで操作されているので、現金引き出しの49％と合わせると半分以上はATMのお世話になっています。このATMの台数の変化をみてみると、国によって動き方にバラつきがあります。11年から18年のあいだ、日本ではほとんど変化がありませんでした（下のグラフ）。

高所得国の中でも、カナダやオーストリアではもともと多く、さらに増やしています。北欧やエストニアでは、もともと少ないところ、さらに減らしています。ペルーやウルグアイでは、ハイペースで増やして日本と同程度になりました。このデータは「面積当たり台数」でみるとまた見え方が変わりますが、キャッシュレスで有名な中国でさえ、一定程度まではATM台数を増やそうとしているようにも見えます。

日本がこれからどちらに向かうのか、金融サービスへのアクセスの「方法」の観点から、注目していきたいデータです。

[i] 全国銀行協会「キャッシュレスによる払出し比率の調査結果（2019年通期）」

4-6-1 銀行口座またはモバイルマネーサービスを利用する人の割合（15歳以上）

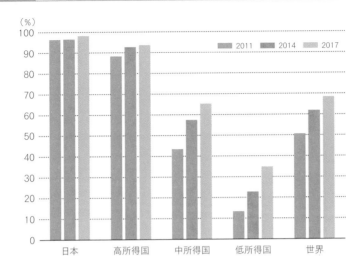

出所：世界銀行　Global Financial Inclusion Database

4-6-2 大人10万人当たりのATM設置台数

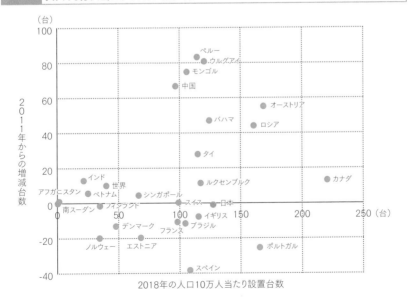

出所：国際通貨基金　Financial Access Surveyをもとに筆者作成

4-7 豊かになると失うものも大きくなる

途上国に集中する死者数

　地震や台風、梅雨の長雨により、毎年大きな被害が発生しています。このような自然災害の「被害」といったときの単位として何を思い浮かべますか。「死者数・負傷者数」「壊れた住宅の数」「経済的損失」「支払われた保険金の金額」。大きな災害になると心理的なことも含め広い範囲で影響がありますが、数えられるものというとこんなところです。死者数について、世界の長期的な変化をみてみます（上のグラフ）。過去50年で、1年間に10万人以上の死者数があったのは6回でした。

　2008年のミャンマーのサイクロンでは死者・不明者15万人以上、04年のインド洋の地震（スマトラ沖地震）と津波では23万人以上、10年のハイチ地震では、22万人以上が亡くなったといわれています。

　このように、死者数でみると、被害は途上国に集中しています。30年間を調査して死者の45％が低所得国、92％が中・低所得国だったという結果もあります [1]。

　不思議なのは、上のグラフからは50年間を通じてグラフのでこぼこに大きな変化はあまりない、ということです。わずかに減少傾向にありますがさほどではありません。

どうなる？　途上国への援助

　この間の世界の人口は、1970年の約37億人から、2019年には77億人に倍以上に増えています。つまり自然災害による死亡率（人口当たりの死亡者数）は減っているのですが、局地的に起きる自然災害については「死者数」によって比較されることがほとんどです。全体の人口が増えても一人ひとりの命の大切さは同じなので、ちょっとほっとしますね。

　次に「経済的損失」についてみてみます。1997年から20年分の自然災害について、損失額の国別トップ10と、それがGDPに占める割合のトップ10を比べると、所得の違いがくっきり表れています。

　損失額が大きい国は、GDPの大きさトップ3と同じです。金銭的な価値のあるものがたくさん蓄積されているから、損失の規模も多いわけです。他方、損失の大きさが一国の経済に大きな影響を及ぼすのは、所得が中くらいや、低い国々です。

　これから心配なのは、世界のあちこちで同時に自然災害が起こり、先進国から途上国への援助の能力が足りなくなることです。そうならないための備えの重要性が増しています。

---

[1] 内閣府「平成27年版防災白書」

自然災害による死者数の推移

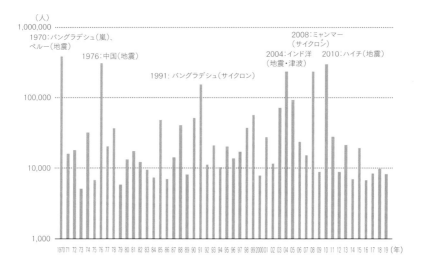

出所：Swiss Re　Sigma 2/2020をもとに加筆

自然災害による経済的損失（1997〜2017）

順位	経済損失[億ドル]		順位	GDPに占める割合	(%)
1	アメリカ	9,448	1	ハイチ	17.5
2	中国	4,922	2	プエルトリコ	12.2
3	日本	3,763	3	北朝鮮	7.4
4	インド	795	4	ホンジュラス	7.0
5	プエルトリコ	717	5	キューバ	4.6
6	ドイツ	579	6	エルサルバドル	4.2
7	イタリア	566	7	ニカラグア	3.6
8	タイ	524	8	ジョージア	3.5
9	メキシコ	465	9	モンゴル	2.8
10	フランス	433	10	タジキスタン	2.7

高所得国
上位中所得国
低位中所得国
低所得国

出所：災害疫学センター（CERO）と国連国際防災戦略事務所(UNISDR)の報告書。UNISDRは現在はUNDRR（国連防災機関）

4-8 義援金の規模と経済

困ったときに人を頼れるか

　「ソーシャル・キャピタル」という言葉があります。「社会関係資本」や「市民社会資本」と訳され、個人、地域、団体や企業経営における、コミュニティの豊かさのことを指します。

　ソーシャル・キャピタルの測り方として、人づきあいや交流の量、まわりの人々や関係者への信頼度、ボランティア活動への参加度などでみる方法があります。

　地域の人づきあいというと、「しがらみ」のようなネガティブなイメージを持つ人もあるかもしれません。ソーシャル・キャピタルについて調べてもそれは出てきますが多くはいい意味で使われています。ここでも、互いに信頼して協力し合える方が、住み続けたいまちになると考えて話を進めます。

　「困ったときに頼れる親戚や友達がいますか」という問いに対してポジティブな回答をした人の割合は、OECD平均で89％、日本も89％でした（上のグラフ）。ただもっと高い国の方が多いです。日本では、1割の人が誰にも頼りにくいと感じているとも言えます。

減少傾向にある「つきあい」への予算

　個人レベルでのお金の使い方をみてみます。世帯当たりの年間支払額は、寄付金は平均4,758円でした（2019年、真ん中のグラフ）。

　11年、東日本大震災のあった年には、すべての所得階層で前年より増えました。災害時の義援金を出した人が多かったためです。日本赤十字社では、直近までに3,400億円以上を受け付け、送金しています[i]。

　コミュニティでのつきあいには、町内費や消防費、同窓会費、労働組合費への支出もあります。平均の年間支払額は1万円を超えますが、すべての所得階層で減少傾向にあります（下のグラフ）。昔からある、伝統的な活動が衰えている様子が想像できます。

　ボランティア活動については、約17％が過去1年間にボランティア活動をしたことがあると答えています[ii]。具体的な分野としては、まちづくり・まちおこしや子ども・青少年育成、地域安全が多いことから、地域に密着した活動が身近にあることが分かります。いざというときには、義援金も大切ですし、隣近所との日常的なコミュニケーションも大切です。どちらでも動ける人の集まりが、豊かな地域を作るように感じます。

[i] 日本赤十字社「東日本大震災義援金の受付および送金状況のご報告」　[ii] 内閣府「令和元年度　市民の社会貢献に関する実態調査」

頼れる人がいる人の割合

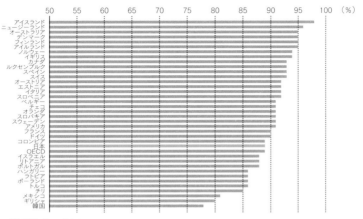

出所：OECD　Better Life Index

所得階層別世帯当たり寄付金（年額）

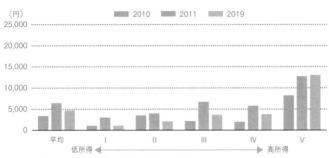

注：Ⅰ～Ⅴは所得階層を小さい方（Ⅰ）から大きい方（Ⅴ）に5分類したものを指します
出所：総務省統計局　家計調査　家計収支編

所得階層別世帯当たり町内費・消防費・組合費など（年額）

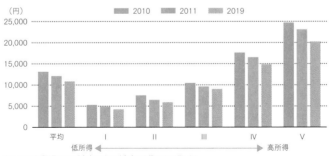

注：Ⅰ～Ⅴは所得階層を小さい方（Ⅰ）から大きい方（Ⅴ）に5分類したものを指します
出所：総務省統計局　家計調査　家計収支編

自然の価値はお金に換算できますか?

第**5**章 | 解　説

　第1章で、「繁栄(Prosperity)」ってどういうことか考えてみました。繁栄について、SDGsの前文では、「我々は、すべての人間が豊かで満たされた生活を享受することが出来ること、また、経済的、社会的及び技術的な進歩が自然との調和のうちに生じることを確保することを決意する」とあります(下線は著者追加)。

　ちょっと長い文で読みにくいのですが、下線部だけじっくり見てください。「確保する」というのは、英語原文では「ensure」です。必ずそうであるようにがんばります、という感じでしょう。

　経済的・社会的・技術的な進歩も、自然との調和があって初めて生まれるべき、とは、自然と調和しないような、あるいは自然を破壊するような進歩はもうやめよう、ということです。自然と調和しないことは、進歩と呼んではいけないとさえ言っているようにも思えます。

　そう考えていくと、サステナビリティの3つの要素である「経済、社会、環境」ときいて、正三角形の図で3つがそれぞれ頂点にあるようなものを思い浮かべるよりも、環境という大きなお盆(土台)の上にまず社会、その上に経済がのっているような、円すい形を思い浮かべた方がしっくりきます。

　このことは、SDGsの基礎になったと言われる、「プラネタリー・バウンダリー」という考え方を学ぶとよく分かります。地球(プラネット)の安全な限界(バウンダリー)の中で初めて、私たちの生活があるのです。「プラネタリー・バウンダリー」は、スウェーデンのストックホルム・レジリエンス・センターの所長だったヨハン・ロックストローム氏によって提唱され、日本語では『小さな地球の大きな世界　プラネタリー・バウンダリーと持続可能な開発』(丸善出版、2018年)に翻訳されていますので、ぜひ機会の

ある方は読んでみてください。

　環境問題を広く取り上げていきますが、取り上げきれなかった課題もたくさんあります。ぜひ、深掘りのきっかけにしていただきたいと思います。

●まず、自然から私たちがどんなに大きな恵みをもらっているのか、今ご紹介した話をもう少し詳しく取り上げます（5-1へ）。

●次に気候変動対策についてみてみます。気候変動をこれ以上ひどくしないために私たちがすべきことは温室効果ガスの排出量を減らすことですが、その大まかな状況をみておきます（5-2へ）。

●気候変動以外の環境問題の中で、局所的に起こるのに、非常に深刻な影響を引き起こすのが水です。水をめぐる日本と世界の状況についてみてみます（5-3へ）。

●日本では2020年7月から、レジ袋の有料化が始まり、マイバッグを持ち歩く人も増えたと思います。この、プラスチックを減らすことと、食品ロスを結びつけ、環境問題が互いに関係し合っていることを紹介します（5-4）。

●プラスチックではなく紙を使う、とすると、元をたどれば多くは森林に行き着きます。世界的に、森林の大規模な火災のニュースが続いている気がします。この森林の状況やその管理のされ方を調べてみます（5-5へ）。

●日本ではまだまだ再生可能エネルギーを利用する割合が小さいのですが、潜在的な可能性はあるのでしょうか。政策によって大きく変化できる分野とも言える再生

可能エネルギーを、活用余力という点からみていきます(5-6へ)。

●ここまで天然資源や廃棄物について取り上げていませんでした。廃棄物の扱い
は国によっても、同じ日本の中でも自治体によってかなり違いがあるのが実情です。
そこで、鉱物資源とそのリサイクルに絞って現状を調べてみます(5-7へ)。

●自然の恵みと言って忘れてはならないもう一つの側面が食料です。これも非常に
大きなテーマですが、ここでは水産資源に絞って、私たちの食卓と海のつながりに
ついて考えてみます(5-8へ)。

第5章で扱う指標	169のターゲット	指標（総務省仮訳）
5-2 温室効果ガス 排出量	**9.4** 2030年までに、資源利用効率の向上とクリーン技術及び環境に配慮した技術・産業プロセスの導入拡大を通じたインフラ改良や産業改善により、持続可能性を向上させる。全ての国々は各国の能力に応じた取組を行う。	**9.4.1** 付加価値の単位当たりのCO_2排出量
5-3 水ストレスと農業	**6.4** 2030年までに、全セクターにおいて水利用の効率を大幅に改善し、淡水の持続可能な採取及び供給を確保し水不足に対処するとともに、水不足に悩む人々の数を大幅に減少させる。	**6.4.1** 水の利用効率の経時変化 **6.4.2** 水ストレスレベル：淡水資源量に占める淡水採取量の割合
	2.4 2030年までに、生産性を向上させ、生産量を増やし、生態系を維持し、気候変動や極端な気象現象、干ばつ、洪水及びその他の災害に対する適応能力を向上させ、漸進的に土地と土壌の質を改善させるような、持続可能な食料生産システムを確保し、強靱（レジリエント）な農業を実践する。	**2.4.1** 生産的で持続可能な農業の下に行われる農業地域の割合
5-4 食品ロスと海洋プラスチック問題	**12.3** 2030年までに小売・消費レベルにおける世界全体の一人当たりの食料の廃棄を半減させ、収穫後損失などの生産・サプライチェーンにおける食品ロスを減少させる。	**12.3.1** a）食料損耗指数、及び b）食料廃棄指数
	14.1 2025年までに、海洋ごみや富栄養化を含む、特に陸上活動による汚染など、あらゆる種類の海洋汚染を防止し、大幅に削減する。	**14.1.1** 沿岸富栄養化指数（ICEP）及び浮遊プラスチックごみの密度
5-5 森林面積と持続可能な森林経営	**15.1** 2020年までに、国際協定の下での義務に則って、森林、湿地、山地及び乾燥地をはじめとする陸域生態系と内陸淡水生態系及びそれらのサービスの保全、回復及び持続可能な利用を確保する。	**15.1.1** 土地全体に対する森林の割合
	15.2 2020年までに、あらゆる種類の森林の持続可能な経営の実施を促進し、森林減少を阻止し、劣化した森林を回復し、世界全体で新規植林及び再植林を大幅に増加させる。	**15.2.1** 持続可能な森林経営における進捗
5-6 再生可能エネルギー	**7.2** 2030年までに、世界のエネルギーミックスにおける再生可能エネルギーの割合を大幅に拡大させる。	**7.2.1** 最終エネルギー消費量に占める再生可能エネルギー比率
5-7 資源リサイクル	**12.5** 2030年までに、廃棄物の発生防止、削減、再生利用及び再利用により、廃棄物の発生を大幅に削減する。	**12.5.1** 各国の再生利用率、リサイクルされた物質のトン数
5-8 水産資源	**14.4** 水産資源を、実現可能な最短期間で少なくとも各資源の生物学的特性によって定められる最大持続生産量のレベルまで回復させるため、2020年までに、漁獲を効果的に規制し、過剰漁業や違法・無報告・無規制(IUU)漁業及び破壊的な漁業慣行を終了し、科学的な管理計画を実施する。	**14.4.1** 生物学的に持続可能なレベルの水産資源の割合

5-1 自然からの補助金をもらっている

「自然の恵み」は世界GDPの1.5倍!?

　持続可能な開発（sustainable development）とは、「将来世代の欲求を満たしつつ、現在の世代の欲求も満足させるような開発」を指します。私たち人間のニーズが将来にわたって満たされるようなやり方で成長しよう、と言っているのです。そのため、持続可能性とは「環境、社会、経済」の3つが両立した状態だともよく言うのですが、その順番についてはよく考えておかなくてはなりません。

　「そんなの、地球があるから人類が誕生したのだから、環境が先に決まっている」と即答できる人にとっては、今から紹介する話は「また無理やり計算して」と思われるかもしれません。自然の恵みがいったいいくらのお金の価値になるのかを計算して、私たちにその大きさを示してくれた科学者らがいます。ここでいう自然の恵みとは、「生態系サービス」といい、2011年時点で125兆ドルに上ると算出されました。この数字は巨大で、世界全体のGDPの1.5倍と言われました（上のグラフ）。

どうなる?　自然からの「しっぺがえし」

　例えば熱帯や亜熱帯地域で、川と海の境目に生えている林で、タコのような入り組んだ根が特徴のものといえば何を思い浮かべますか?　答えはマングローブ林です。マングローブ林は、エビの養殖池を作るためや、炭にするための伐採、農地への転用のために減少してしまいました。その結果、海からの風や高波を守ってくれるものがなくなり、もし水田まで海水をかぶってしまうと、塩害により何年も稲を育てることができなくなります。

　つまり、マングローブ林はタダで水田を守ってくれていたのですが、そのような価値を積み上げたのが、125兆ドルです。しかし、この地球からの「補助金」は細くなっています。2011年の125兆ドルは、そのたった14年前に比べ、20兆ドル以上も小さくなった可能性もあるそうです（下の表）。価値を計算するためには、自然の面積と、面積当たりの価値を掛け算します。自然が破壊されて面積が減ることは、減少要因となります。

　最近では、すでに環境が破壊されすぎてしまい、補助金をくれるどころか、自然災害がますます増えるなどのかたちで「しっぺがえし」が来ることも心配されています。

　自然の恵みを金銭的に評価してその価値を知ろうという研究は、これ以外にも国内外で相当数行われています。私たちはそれらに興味を持つとともに、なぜ、そんな換算をしないと分からないのかについても、考えてみる必要があるでしょう。

自然からの補助金とGDPの比較

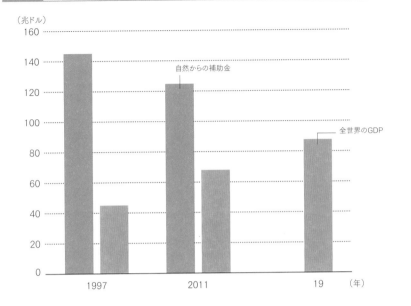

（兆ドル）

出所：R. Costanza et al. ／ Changes in the global value of ecosystem servicesと世界銀行のGDP（2010年ドル換算）をもとに筆者作成

1997〜2011年に減少した主な価値

（兆ドル）

サンゴ礁	11.9
マングローブ林	7.2
熱帯雨林	3.5
沼地等	2.7

出所：R. Costanza et al. ／ Changes in the global value of ecosystem services

一人当たり「カーボン枠」ができたらどうする

新型コロナで減った温室効果ガスの排出量

　気候変動対策の国際的な最新の約束は、2015年の「パリ協定」です。今世紀後半のできるだけ早い時期に温室効果ガスの排出と吸収のバランスを取るよう、国際的に合意しているのです。これに向け、積極的に気候変動対策に取り組む企業や自治体、国では、「2050年実質ゼロ」が合言葉のようになっています。

　新型コロナウイルス感染症に伴う経済停滞により、20年の世界の温室効果ガス排出量は19年よりも8％減るという予測[1]があります。ところが、これはエネルギー需給構造変化などによる根本的な理由ではなく、一時的な経済停滞によるものにすぎません。

　つまり「リバウンド」が心配されているのです。「2050年実質ゼロ」に向けて、ここでリバウンドしているようではまったく望みなし、という感じがします。日本の一人当たり温室効果ガス排出量は、年間約8.9t-CO_2です。と言われてもピンときにくいですが、国別にみると、16年のデータの揃う191カ国中23番目に多いです（上のグラフ）。最も多いのがカタールの38.9t-CO_2、最も少ないのがコンゴ民主共和国の0.03t-CO_2やソマリアやブルンジの0.05t-CO_2でした。日本と同じくらいの量の国は、南アフリカ、ベルギー、ドイツ、バミューダです。

世界的にも低水準な日本の「再生可能エネルギー」

　日本と世界の推移をみると、日本は高度成長期に急増し、最近は2倍弱となっています（真ん中のグラフ）。温室効果ガスの大小は、電気やガス、ガソリンなど使うエネルギーの量と、そのエネルギーが何からできているか、で決まります。化石燃料（石炭、石油、天然ガスなど）は、燃焼するときに排出される二酸化炭素の量が課題です。

　日本の一人当たり電気使用量は、世界の約2.5倍です。誰でも使う電気による温室効果ガスを、個人の選択肢で減らすには、まずは余計に使わないこと、次に、再生可能エネルギーでできた電気を使える家やオフィスを選ぶことができます。再生可能エネルギーが最終エネルギー消費に占める割合では、日本は世界的にみてまだ非常に低い水準です（下のグラフ）。低所得国ではそもそも使うエネルギーの量がとても小さいこともあって再エネの「割合」は76％に達しています。

　あり得ないと笑われるかもしれませんが、もしも一人当たりの温室効果ガス排出量に上限を定める、つまり「カーボン枠」ができたら、日本に住んでいると最初のうちはかなり大変になるでしょう。

[1] 世界エネルギー機関「Sustainable Recovery」2020年6月

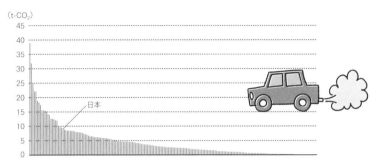

5-2-1 国別・一人当たりCO₂排出量（2016年）

(t-CO₂)

日本

出所：世界銀行　CO₂ emissions (metric tons per capita)

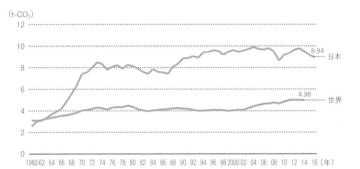

5-2-2 日本と世界の長期的推移

(t-CO₂)

8.94 日本

4.98

世界

1960 62 64 66 68 70 72 74 76 78 80 82 84 86 88 90 92 94 96 98 2000 02 04 06 08 10 12 14 16（年）

出所：世界銀行　CO₂ emissions (metric tons per capita)

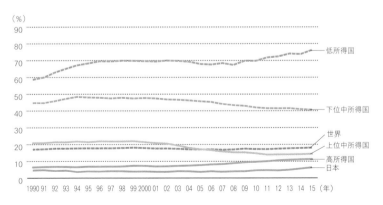

5-2-3 最終エネルギー消費に占める再エネの割合

(%)

低所得国

下位中所得国

世界
上位中所得国

高所得国
日本

1990 91 92 93 94 95 96 97 98 99 2000 01 02 03 04 05 06 07 08 09 10 11 12 13 14 15（年）

出所：世界銀行　Renewable energy consumption (% of total final energy consumption)

5-3 水の使いすぎは紛争を呼ぶ

増える「水ストレス」のある地域で暮らす人々

　水を使える量よりも使いたい量が多いとき、「水ストレス」が発生します。日本は、世界全体でみると水資源には恵まれた国です。国全体の取水量は約800億㎥で、水ストレスでみると中間ぐらいです。突出して高いのは、中東諸国となっています（上のグラフ）。世界では、2050年には全人口の52％が水ストレスのある地域で暮らしていると予測されています[i]。人口の増加、農業の拡大、経済発展による水使用量の拡大によって、もともと水ストレスは増えていますが、今後、気候変動の影響を受けてさらに深刻な状態になるとも考えられています。

　日本の場合、取水量のうち農業用水が7割弱を占めており、さらにその9割以上が水田向けであるように、水の使い方は地域の自然や食生活と密接に関わっていることが分かります（農業用水について下のグラフ）。水は、多すぎれば洪水になるし、少なすぎると干ばつになります。また、し尿や、化学物質などによる水質汚染という問題もあります。

なぜ「水クライシス」は社会的リスクなのか

　川の上流と下流の地域間では、取水量や水質汚染をめぐる対立や協調が繰り返されてきました（ドナウ川ならチェコとハンガリー、インダス川ならインドとパキスタンなど）。特定の地域でも、地下水の利用争いが企業の工場閉鎖に及んだことがあります。製品の生産に水を使いたい大企業と、農業用水をより多く確保したい地元農家との間で摩擦が起こり、裁判になったことが国際的にも報道されました。

　こうしたことから、世界の有識者が考える重要なリスクの中で、「異常気象」は環境リスク、「水クライシス」は社会的リスクだと分類されています。水ストレスの高い地域での水1tと、低い地域での水1tでは、同じ指標でも意味が違うのです。日本は島国なので、国際河川（複数の国を通って海に流れ込む川）の事情は想像しにくいかもしれませんが、知っておきたい概念が「仮想水（バーチャルウォーター）」です。

　日本は、食料自給率が約40％しかありません。輸入農産物・畜産物は、輸入元の国で水を使って育てられているので、食料を通して海外の水を輸入しているのと同じことなのです。それが、国内で使う量とほとんど同じ約800億㎥だったという推計があります[ii]。私たちは、海外の水とも、そこで生活する人たちの環境とも切り離せない暮らしを送っていることをよく理解しておきましょう。

[i]国連「World Water Development Report 2020. Water and Climate Change」 [ii]環境省　出所：https://www.env.go.jp/water/virtual_water/

水ストレスが1以上の国のストレス度（2014年）

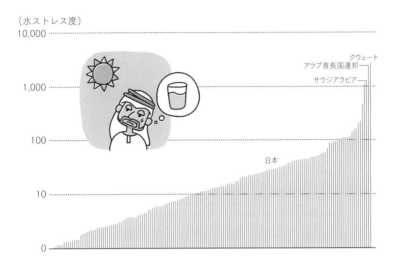

出所：世界銀行　The level of water stress

日本と、日本の農産物主要輸入国における農業用の取水量

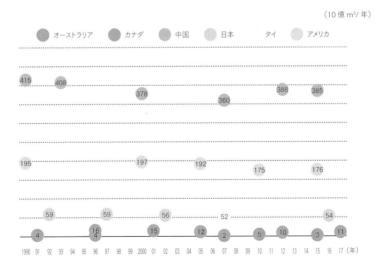

出所：国連食糧農業機関（FAO）　AQUASTAT
　　　国土交通省　令和元年版日本の水資源の現況について

5-4 食品ロスか、プラスチック容器か

食品ロスはなぜ減らないのか

　今日、何グラムの豆腐を買ったかは、容器を調べればすぐに分かります。ところが、何グラムを捨てたかというと、調理途中の失敗や皿に残ったわずかな食べ残しなどは測りようがない気がしませんか。食品ロス（食べられるのに捨てられている食品）を記録するのはとても難しいことが想像できると思います。実際、市町村が家庭からのごみを収集したあと、中身を調べることさえされています。

　かなりの労力がかかっている食品ロスの発生量把握ですが、肝心の量はというと、2017年までの4年間で年間280万t強、一世帯当たり年間約50kgで推移していてあまり変化がありません（上のグラフ）。食品メーカーなどの事業者で発生する食品ロスは家庭よりも多く328万tでした。食品製造業と外食産業で多くなっています。

　食品ロスを減らすために、食べる分だけ買う・注文する、上手に調理する・保存するなど消費者の行動が重要です。それに加えて、小分けにして売ることや、消費・賞味期限を長くする工夫は食品メーカーや小売業の方が得意でしょう。

容器包装プラスチックの廃棄量が世界で2番目に多い日本

　ここでプラスチックが出てきます。容器や包装にプラスチックをうまく使うことで、食品をより長く保存したり、壊さずに運んだりしやすくなります。お菓子の個包装が思い浮かびますね。また、小分けをするにも、トレイやフィルムは便利です。

　また、プラスチックはビンや缶より軽いため、容器がビンからペットボトルに変われば荷物が軽くなり、輸送にかかる燃料やCO_2排出量の視点でのメリットもあります。プラスチックが使われてから捨てられるまでの流れをみてみましょう。日本では980万tのプラスチックが年間に生産され、うち約4割が、容器包装（トレイ、レジ袋、容器、フィルムなど）に使われています（下のグラフ）。最後にゴミに出され、リサイクルされるか、単純に燃やされて埋め立てられます。こうした容器包装プラスチックの一人当たり廃棄量が、世界で1番多いのはアメリカ、2番目は日本です[i]。

　この過程のどこかで、ポイ捨てされたり小さな破片になったりして海に流れ込むプラスチックが、海洋プラスチック問題になります。土に還らないプラスチックだと埋め立ての問題も起きます。このように、食品ロス減らしにはプラスチックが役に立つ半面、プラスチックを使いすぎるのも問題になるという、環境問題どうしがつながり合っていることが分かります。

---

[i] 国連環境計画（2018）「Single Use Plastics」P5

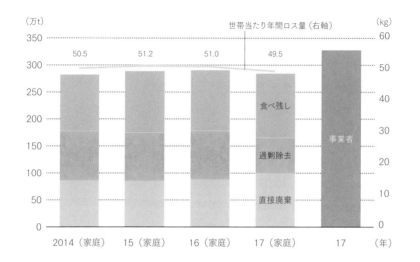

（万t）

世帯当たり年間ロス量（右軸）

（kg）

- 食べ残し
- 過剰除去
- 直接廃棄
- 事業者

50.5　51.2　51.0　49.5

2014（家庭）　15（家庭）　16（家庭）　17（家庭）　17　（年）

出所：環境省「令和元年度食品廃棄物等の発生抑制及び再生利用の促進の取組に係る実態調査」、農林水産省「食品ロス及びリサイクルをめぐる情勢　令和2年5月時点版」

5-4-2 プラスチックの消費から廃棄まで（2016年）

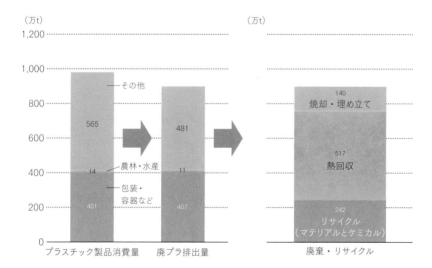

（万t）　　　　　　　　　　　　　　　（万t）

- その他　565
- 農林・水産　14
- 包装・容器など　401

- 481
- 11
- 407

- 焼却・埋め立て　140
- 熱回収　517
- リサイクル（マテリアルとケミカル）　242

プラスチック製品消費量　廃プラ排出量　廃棄・リサイクル

出所：農林水産省　食品産業におけるプラスチック資源循環をめぐる事情（平成30年10月）食品廃棄物等の発生抑制及び再生利用の促進の取組に係る実態調査

5-5 世界中で木を植えよう

止まらない山火事で消える森林

　アマゾンの熱帯雨林では、火災によって2019年に91.7万ha[i]が失われました。開発規制が緩和され、農地、牧草地、鉱山開発のために森を焼くことが増えたためと言われています。

　オーストラリアでは、19年9月から南東部を中心に山火事が止まらず、延焼面積は1,700万haに上るとも言われています。記録的な高温、乾燥に加え、環境対策の予算が削られたことによる対策の遅れも指摘されています。北極に近いシベリアなどでも、高温と乾燥が進み、地中の泥炭層での火災が急増しました。野焼きに加えた泥炭層の火災はインドネシアでも深刻です。

　20年の世界の森林面積は40.6億haで、陸地の31％を占めています。30年間で約3億ha減少しました。人工林の植林が少しは進んだものの、天然林の減少量に追いつくことはできていません（上のグラフ）。

　また、森林を面積だけでみることは十分とは言えません。いったん失われると、そこに生息する生き物に大打撃を与えます。

森林はなぜ必要なのか

　気候変動対策の面でも、森林はCO_2を吸収・固定してくれる非常に貴重な存在です。にもかかわらず、気候変動による高温や乾燥で燃えやすくなっている状態にあり、そこに人災の要素が加わって、CO_2の大放出が起こってしまいました。しかも、仮に木を植え直したとしても、成長過程の若い木は、呼吸によりCO_2を出す方が多いのです。

　そうしたことから、森林はまず壊さないことが最重要です。森林を人間の手で壊す理由は、その土地を別の理由に使いたいからです。根っこのところでは、森林を壊さなくても生活できるような仕事や、住む場所が必要だと言えるでしょう。

　日本では、国土の約3分の2の2,505万haが森林です（2000年比10万ha減少）。山間部などで2050年までに、人が住まなくなる土地が342万ha増えると予測されています[ii]。どこまで森林に戻されるのかが注目点です。

　現状では森林の6割を占める民有林所有者の約15％しか、森林の手入れが十分にできていると感じていません[iii]。森林の持続可能な経営・管理に対する認証を取得している割合でも、先進国と比べて低い状態です（下のグラフ）。壊さず、手入れをして育てる必要は変わりません。

i WWFジャパン資料より　出所：https://www.wwf.or.jp/activities/achievement/4307.html　ii 国土交通省「国土のグランドデザイン2050」の別添「人

5-5-1 世界の森林面積の推移

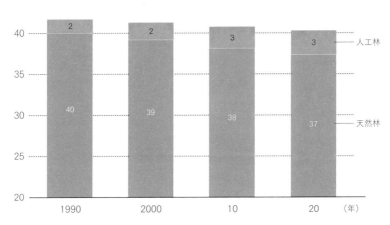

出所：FAO　Forest Resource Assesment 2020

5-5-2 森林認証を取得した森林面積の割合（2019年）

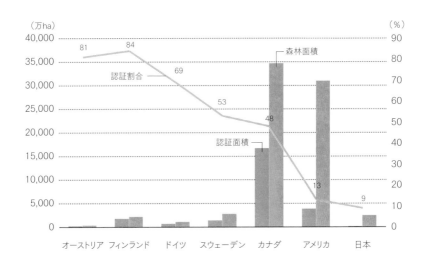

出所：林野庁　令和元年度　森林・林業白書

参考資料」 ※農林水産省「平成 27 年度農林水産情報交流ネットワーク事業全国調査　森林資源の循環利用に関する意識・意向調査」

まだ使い尽くせていない太陽光の持つエネルギー

　私たちが自然の恵みを十分活かしているのかどうかということを、再生可能エネルギーの利用状況からみてみます。日本で最も活用されている再生可能エネルギーは太陽光で、2019年度の発電量の約6％を占めています[i]。14年には約2％だったので、5年間でシェアが3倍に伸びました。

　ただ、これで太陽光の持つ潜在的エネルギーを使い尽くせているかというと、まだまだです。ポテンシャルに対し、太陽光発電の導入量は約2割です（左円グラフ）。

　では風力はというと、発電量に占める割合は約1％です。5年間の変化をみてもシェアは倍にはなっているものの、まだたった1％という状況です。風力はポテンシャルに対しても、導入量は1％となっています（右円グラフ）。

　このほか再エネ発電の種類には、中小水力や地熱、バイオマスがあります。さらに、期待されながらも、まだコストが高いなどの事情で広く使われる状態になっていないエネルギー源もあります。その代表格が海洋エネルギーです。

発電に限らない「再生エネルギー」の使い道

　世界的にみても、エネルギーの持続可能な開発シナリオを達成していくためには、2030年に150兆kWhの海洋エネルギーによる発電が必要と考えられていますが、19年には12兆kWhしかできていません[ii]。

　日本でも技術開発のための調査は続けられていますが、再生可能エネルギー発電の普及促進政策である固定価格買取制度の対象になっておらず、いつまでも「将来は」「いずれは」という扱いになっているようです。それでも、現状レベルの技術で発電量の2％、将来は10％を占めるだけのポテンシャルがあると考えられています（下のグラフ）。

　ところで、再生可能エネルギーの使い道は、発電に限りません。「熱利用」という分野もあります。利用可能な分野には、太陽熱、地中熱、雪氷熱、温泉熱、海水熱、河川熱、下水熱があります。もともとの温かさ・冷たさや、温度差を使うのです。

　ところが、政府の統計をみても、再生可能エネルギーが熱利用の何％を占めているのかということは分かりません。政策的支援がないわけではありませんが、太陽熱温水器等の設置実績は1980年のピークに比較して約2％[iii]と市場規模は縮んでいる状態です。もう少し、再生可能エネルギーを使い尽くすつもりでがんばってみた方がよさそうに見えます。

[i] 資源エネルギー庁「電力調査統計　発電実績」　[ii] IEA（世界エネルギー機関）「Ocean Power」　[iii] 一般社団法人ソーラーシステム振興協会「太陽熱温水器・

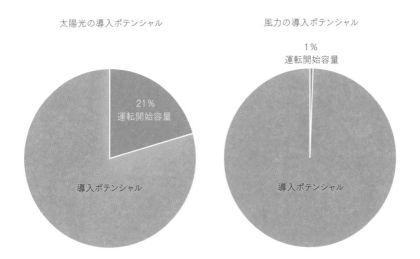

5-6-1　まだまだ少ない太陽光・風力エネルギー

太陽光の導入ポテンシャル

21%
運転開始容量

導入ポテンシャル

風力の導入ポテンシャル

1%
運転開始容量

導入ポテンシャル

出所：環境省（2020）、資源エネルギー庁より筆者作成

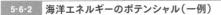

5-6-2　海洋エネルギーのポテンシャル（一例）

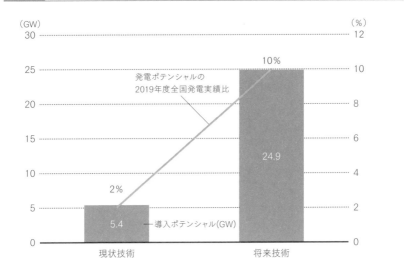

（GW）

30

25

20

15

10

5

0

発電ポテンシャルの
2019年度全国発電実績比

10%

2%

5.4

24.9

導入ポテンシャル(GW)

現状技術

将来技術

（%）

12

10

8

6

4

2

0

出所：NEDO　NEDO再生可能エネルギー技術白書をもとに筆者作成

－システム設置実績」

やれば作れる都市鉱山

リサイクルできる鉱山資源

　鉱物資源は、地下に埋蔵されていて人間にとって有益な鉱物のことを指します[i]。代表的な鉱物は鉄です。鉄以外の金属をまとめて「非鉄」というほどです。鉄に加え、アルミや銅などをベースメタル、チタンやコバルト、リチウムなどをレアメタル、金や銀などをプレシャスメタルと呼びます。

　レアメタルは、産出量が少なかったり抽出が難しかったりする希少な鉱物を指しますが、時代によってみんなが何を欲しがるかによっても用途は変わります。最近では、自動車や電気製品、電池などで主に使われます。日本は、現在ではこれらの鉱物資源をほぼすべて輸入しています。例えばレアメタルの一つ、ニッケルは、産出国はアジア・オセアニアを中心にそれなりに数がありますが、鉱石の輸入先は2カ国に集中しています（上のグラフ）。

　コバルトは、産出国はアフリカ中部にあるコンゴ民主共和国（DRコンゴ）に集中しています。日本では、鉱石としてではなく製錬後の状態で輸入しています。そのため、輸入先をみると産出国とはちがう顔ぶれとなっています（真ん中のグラフ）。

　「ほぼすべて輸入」と書きましたが、それは新しい素材の場合のことで、リサイクルされている鉱物資源もあります。身近なところでも、スチール缶やアルミ缶は分別してごみに出すなどしているでしょう。回収されたアルミ缶がリサイクルされる比率は98％と高い水準です。

なぜ都市を「鉱山」というのか

　鉄やアルミ以外の鉱物資源のリサイクルの状況はというと、リサイクル率（使用済み製品から回収されたリサイクル量÷消費量）で比べてみると、6割近い鉛から、ほとんどゼロのチタンまで、バラついています（下のグラフ）。また、リサイクルされていないものや、統計がないといったものもあります（リチウム、マグネシウム、ニッケルなど）。

　鉱物資源は、自動車や家電、携帯電話、パソコン、ゲーム機などの中に姿を変えて存在していることから、製品がある都市全体を鉱山に見立てる考え方を「都市鉱山」といいます。古い携帯やパソコンを回収に出すのが面倒で家においたままという人もいるのではないでしょうか。スポーツ大会のメダルをこうした製品から回収した金・銀・銅で作るプロジェクトでは多くの人が参加し、2年間かけて目標を達成することができました。具体的に何かを作るというイメージを持てれば、都市鉱山での「採掘」に加わろうという人がさらに増え、定着していくと期待できそうです。

[i] 資源エネルギー庁「世界の産業を支える鉱物資源について知ろう」

　ニッケルの産出国（世界、2018年）　ニッケルの輸入先（日本、2018年）

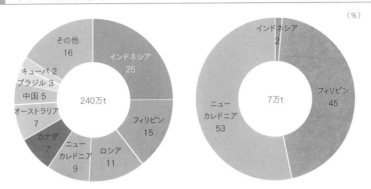

出所：USGS　Mineral Commodity Summaries 2020, 独立行政法人石油天然ガス・金属鉱物資源機構　鉱物資源マテリアルフロー 2019

5-7-2　コバルト（鉱石）の産出国（世界、2018年）　コバルト（マット・塊・粉）の輸入先（日本、2018年）

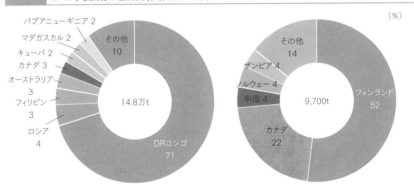

出所：USGS　Mineral Commodity Summaries 2020, 独立行政法人石油天然ガス・金属鉱物資源機構　鉱物資源マテリアルフロー 2019

5-7-3　鉱物資源別のリサイクル率（2018年）

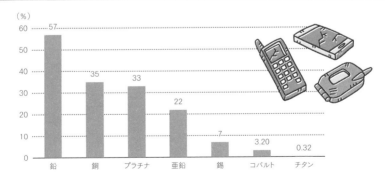

出所：独立行政法人石油天然ガス・金属鉱物資源機構　鉱物資源マテリアルフロー 2019

30年後もおいしくお寿司を食べたい

なぜ3種の魚に人気が集中するのか

　日本の家庭では一人当たりの生鮮魚介類の購入量が減っており、年間8キロ弱となっています。が、そんななかでサケ、マグロ、ブリの3種類に人気が集中する傾向があり、家庭でのシェアは10年間で約13％から26％と倍になりました（上のグラフ）。大型の魚なので切り身で売られることが多く、簡単に調理できるためです。

　ところで、世界的な人口増加を背景に、水産物の獲りすぎが問題になるようになり、マグロ漁は、国際的な漁業管理のもとで制限されていると聞いたことがある人もいるでしょう。

　ところが世界の生産量の推移をみると、海の漁業全体で1990年代から年間8,500万t程度でさほど変わっていないのに（真ん中のグラフの面の部分）、マグロ類の漁獲量は一貫して増加して2018年には790万tと、全体の1割に迫る勢いで増えています（折れ線の部分）。制限されているのになぜ？　という感じがします。これは、マグロ類の中でもカツオとキハダマグロが大幅に増えているためです。規制の厳しいクロマグロ（本マグロ）については量も少なくほぼ横ばいです。

まだまだ理解できていない魚の生態

　「国際的に管理する」と聞くと、統一ルールがあって各国が同じテーブルで交渉しているようなイメージが湧きますが、漁業の場合、海域によって細かく分かれており、国際漁業管理機関・資源評価機関だけで22機関もあります[i]。さらに、魚の大きさや漁の方法（まき網、はえ縄など）別に目標値が決められるなど、全体像はかなり複雑です。

　マグロに限らずウナギなどもそうですが、魚の生態の全部を、人間は理解できていません。科学的な研究を進めながら持続可能な消費量とはどのくらいかを考えていかなくてはならないのです。しかし、広い海に調査だけのための船を出すことはできず、商業目的の漁船が集めて提供するデータに依存しています。そうすると、本当に欲しいデータが得られるとは限らないのです。

　こうした制約がありつつも、持続可能な資源の水準に沿った漁をしている割合は算出されています。全世界では1974年の90％から、2017年には66％と減少しました。直近の2年間の海域別の変化では、大西洋のカナダ側（北西）と、太平洋の日本側（北西）での下げ幅が17～18ポイントと大きくなりました（下のグラフ）。ふだんの食卓でもごちそうの日でも、どんな海から来た魚なのか注意してみましょう。

i 水産庁・国立研究開発法人水産研究・教育機構「令和元年度　国際漁業資源の現況」

家庭で食べられる魚介類の変化

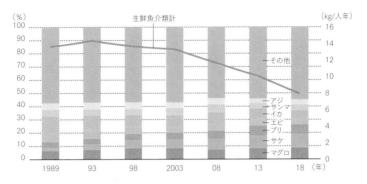

出所：水産庁　令和元年水産白書

漁獲量の推移

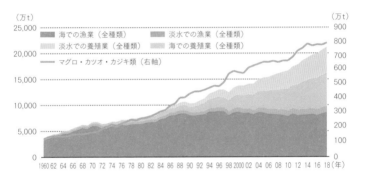

注：右軸がマグロ類、左軸がそれ以外
出所：水産庁　令和元年水産白書

生物学的に獲りすぎではない水産資源の割合（海域別）

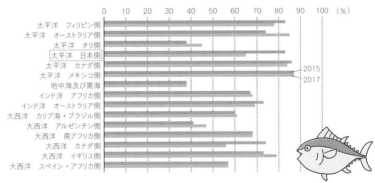

出所：FAO　Sustainable Development Goals

第 **6** 章

お金はどうやって
使えばいい？

第6章 | 解 説

　健康やまちづくり、自然環境の観点から、今どうなっているの？　という話を広げてきました。この章では、ではどうやってよりよい世界を実現するのか、そのために必要になってくる資源について考えていきます。

　企業経営で"資源"というと、伝統的にはヒト・モノ・カネ・情報、それに加えて時間や知的財産も含めて6つほどのキーワードが挙がることが多いと思います。そういうものがバランスよく揃うことが、事業を進めるために必要、と考えるわけです。

　サステナビリティの実現のために必要な資源は何か、という話をする際には、資金のほか、技術的に可能かどうかという点も、重視されます。

　例えば、CO_2削減のために、「今はまだ確立されていないけれど、こんな技術が使えるようになれば確実に課題解決になる→その技術開発のために、これだけ投資が必要→その資金は誰が負担しようか？」という思考回路になるわけです。

　また、学校や病院が不足している地域であれば、そうした施設の建設資金はサステナビリティの実現のために必要な資金だとイメージしやすいですね。ただ、病院ならば何でもよいかというとそうではなく、今から建てる病院ならば、オンライン医療や、多言語対応、受診者の隔離対策など、新たな側面もいろいろあると思います。

　SDGsの目標達成には年間5兆～7兆ドルが必要とされますが、政府や国際機関だけでは足りず、民間の投資家や企業が動くことが重要視されてきました。ところが、新型コロナウイルス感染症対策の影響で、世界全体で経済が縮み、政府が様々な公的支援を行っています。政府にとっては、一時的な支出が増えるだけでなく、中長期的に企業や個人からの税収が減れば、大変な財政難に陥ることになります。

みんなで集めたお金（税収）を、必要なところに適切に配分していくことは、互い
に助け合って生きていく人間社会の基本的な要素です。これからの世界ではどのよ
うに配分していくのか、ますます知恵をしぼらないといけません。

　この章では、社会全体のお金の使い方や、その考え方、担い手について取り上げ
ていきます。

●社会全体のお金の使い方は、国単位でみれば、政府の歳入・歳出に行き着きま
す。日本には借金が膨大にあるということはみなさんもよくご存じだと思いますが、そ
の現状と、「政府」といっても国と地方の分担がどのようになっているかを押さえてお
きます（6-1へ）。

●民間資金のうち、期待の大きいのがESG投資家です。ESG投資家といってもみん
な同じ考え方を持っているわけではありませんが、特に存在感の大きい年金基金の
考え方を紹介します（6-2へ）。

●サステナビリティに貢献するようなお金の使い方、と聞くと具体的にそれがどんな
ふうに役に立つか、が気になるはずです。そうした、「誰かの役に立つ」という点につ
いて、金融の世界の状況を紹介します（6-3へ）。

●資金があっても、担い手がいなくてはサステナビリティの実現に貢献する事業や
技術は広がっていかないでしょう。まったく新しいことの担い手として、分かりやすい
のは起業家の動きです。起業をめぐる日本の状況についてみてみます（6-4へ）。

●イノベーションというといかにも民間の自由な活動という語感がありますが、政府

第6章 | 解説

系の資金がきっかけとなった新技術や、新たな仕組みの開発も非常に重要です。その手がかりとなる、研究開発費の使い方から、各国を比較してみます（6-5へ）。

●SDGsでは、「大胆な変革」を求めています。"Bold and transformational change"という表現で、前例にこだわらず、思い切ったことをしないと、気候変動や格差のような巨大な課題解決は難しいからです。投資と大胆な変革の例としてマイクロクレジットを取り上げます（6-6へ）。

●お金の話を続けてきました。では、「大胆な変革」つながりで、お金の価値で評価するのではないような、評価の方法について考えてみます。金銭的な尺度以外で国全体の状況を見える化させる取り組みを紹介します（6-7へ）。

●お金の使い方のうち、税金が関係することを6-1や6-5で取り上げました。それらよりもやや陰に隠れていますが、税金は、いらないものにも使われてしまう可能性があります。特に、化石燃料への補助金という観点で現状を調べてみます（6-8へ）。

●最後に、現在の働く世代の、仕事に対する考え方を確認します。大胆な変革の担い手については第8章でも詳しく取り上げますが、ここでは、労働時間のどの程度が「熱い思い」に支えられているのかを推し量るような手がかりを調べてみます（6-9へ）。

第6章で扱う指標	169のターゲット	指標（総務省仮訳）
6-1 歳入・歳出	**17.1** 課税及び徴税能力の向上のため、開発途上国への国際的な支援なども通じて、国内資源の動員を強化する。	**17.1.1** GDPに占める政府収入合計の割合（収入源別）
		17.1.2 国内予算における、自国内の税収が資金源となっている割合
6-4 起業の支援	**9.3** 特に開発途上国における小規模の製造業その他の企業の、安価な資金貸付などの金融サービスやバリューチェーン及び市場への統合へのアクセスを拡大する。	**9.3.1** 産業の合計付加価値のうち小規模産業の占める割合
6-5 研究開発費	**9.5** 2030年までにイノベーションを促進させることや100万人当たりの研究開発従事者数を大幅に増加させ、また官民研究開発の支出を拡大させるなど、開発途上国をはじめとする全ての国々の産業セクターにおける科学研究を促進し、技術能力を向上させる。	**9.5.1** GDPに占める研究開発への支出
6-6 マイクロクレジット	**1.4** 2030年までに、貧困層及び脆弱層をはじめ、全ての男性及び女性が、基礎的サービスへのアクセス、土地及びその他の形態の財産に対する所有権と管理権限、相続財産、天然資源、適切な新技術、マイクロファイナンスを含む金融サービスに加え、経済的資源についても平等な権利を持つことができるように確保する。	**1.4.1** 基礎的サービスにアクセスできる世帯に住んでいる人口の割合
6-7 GDP以外の評価尺度	**17.19** 2030年までに、持続可能な開発の進捗状況を測るGDP以外の尺度を開発する既存の取組を更に前進させ、開発途上国における統計に関する能力構築を支援する。	**17.19.1** 開発途上国における統計能力の強化のために利用可能となった資源のドル額
		17.19.2 a)少なくとも過去10年に人口・住宅センサスを実施した国の割合 b)出生届が100％登録され、死亡届が80％登録された国の割合

6-1 みんなのお金の使い道を知る

国によって異なる財政の考え方

　まちづくりでも環境対策でも、やるとなれば個人ではなく大勢で協力する方がうまくいきます。水道や道路の整備、飢饉や災害のときの緊急援助など、歴史を振り返ってもそういう話には事欠きません。政府が私たちから税金を集めて、それを何に使うのかを決める活動を「財政」といいます。同じ人間でも、国によってこの財政の考え方は違います。

　まず日本ですが、2018年の数字です。上と真ん中のグラフで示しているのは、国の「一般会計」と「特別会計」を合わせ、互いの重なりを除いたものです。これが、国が年間に使うお金の総額を指し、約240兆円でした。

　歳入（収入）のうち最も多いのは税収ではなく、約40％を占める「公債金及び借入金」で、お金を新しく借りているという意味です。歳出（支出）でも国債（借金の返済）に37％を充てています。

　歳出では社会保障関係費（年金、医療費、生活保護、失業対策など）が38％なので、国債と社会保障で4割弱ずつ使っているわけです。社会保障費は「私たちの生活や健康を守るため」の費用[i] ですが、高齢化に伴い、制度を変えなくても増える性格があります。

日本で小さい「教育」への支出

　政府が使うお金という点では、国と別に自治体（地方公共団体）の存在も欠かせません。歳出の見方によっては国：自治体＝約4：6の割合[ii] で自治体の方が大きくなっています。自治体の役割がより大きいのは、保健所・ごみ処理などの衛生費、学校教育費、司法警察消防費などです。国の役割が大きいのは、防衛費、住宅費等、農林水産業費です。

　では国と自治体を合わせた支出の内訳を、諸外国と比べます。韓国とアメリカは、「社会保護（老齢年金や家族手当など）」が小さく、「防衛」が大きくなっています。日本は、「教育」が9カ国中最も小さく、一番大きいスイスと比べて倍近い差になっています。「保健」は病院など医療サービス、「環境保護」は廃棄物管理などです。

　誰でも、買い物をすれば消費税を払います。収入を得れば、所得税を払います。税金の使い道をどうするかは、私たちがみんなで何に投資するのか、と言い換えられます。納税者として、投資家になったつもりで政府の会計に興味を持ちましょう。

---

i 国税庁「税の学習コーナー」　ii 総務省「令和2年版　地方財政白書」（平成30年度決算）第2図

国の歳入とその割合

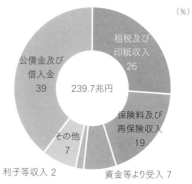

（%）

公債金及び
借入金
39

租税及び
印紙収入
26

239.7兆円

保険料及び
再保険収入
19

その他
7

利子等収入 2

資金等より受入 7

出所：財務省　特別会計ガイドブック（平成30年版）国の財政規模の見方について

国の歳出とその割合

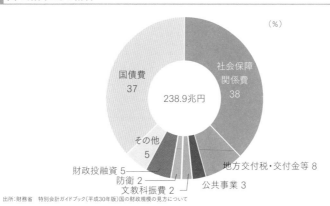

（%）

国債費
37

社会保障
関係費
38

238.9兆円

その他
5

財政投融資 5
防衛 2
文教科振費 2

公共事業 3

地方交付税・交付金等 8

出所：財務省　特別会計ガイドブック（平成30年版）国の財政規模の見方について

国別の財政支出の内訳

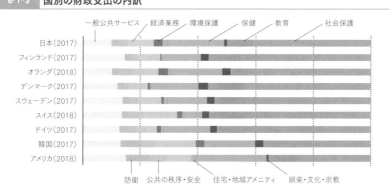

一般公共サービス　経済業務　環境保護　保健　教育　社会保護

日本（2017）
フィンランド（2017）
オランダ（2018）
デンマーク（2017）
スウェーデン（2017）
スイス（2018）
ドイツ（2017）
韓国（2017）
アメリカ（2018）

防衛　公共の秩序・安全　住宅・地域アメニティ　娯楽・文化・宗教

出所：OECD　National Accounts of OECD Countries, Genelal Government Accounts 2019

ESG投資家を味方にすればよい

「選ばれる」ようになった環境への負荷が小さい企業

　サステナビリティとお金の話をするときに、よく登場するのがESG投資家です。ESGという言葉は、2006年に当時、国連の事務総長だったコフィ・アナン氏が、世界の金融関係者に向けて発したメッセージです。世界の抱える様々な課題を解決するためには、投資家や資金を運用する機関が、環境や社会、ガバナンスに関わることについて、詳しく検討してから投資判断を行うべきである、という考え方が根底にあります。資金の出し手がESG判断をすることによって、まったく同じ利益を上げている企業が2社あれば、環境への負荷が小さい方が選ばれます。もう1社は、選ばれたければ改善しなくてはなりません。

　改善しなくても投資してくれる「非ESG投資家」がいれば変わりません。そこでESG投資家は仲間を増やす意欲も旺盛です。ESG投資家の名刺代わりにもなっている「責任投資原則」という考え方に賛同した投資家の規模は一貫して増え、3,000機関・500兆ドル以上になりました（上のグラフ）。

資産の長期運用に不可欠な「持続可能性」

　日本でも、ESG投資と分類される投資が約336兆円[i]に上っており、しかも2年連続して年間＋100兆円ずつという、世界でも最も早いスピードで増えました。世界と比べると出だしは遅かったのですが、2015年以降一気に広まったという感じです。

　ESG投資の特徴は、30年や50年先の世界を想定しようとする投資家の存在が大きいことです。年金や生命保険のように、加入者らの資産を長期にわたって運用して返していく場合、30年や50年先の世界も豊かで、持続可能でないと困ります。したがって、それを脅かすようなリスクには敏感に反応するのです（気候変動、生物多様性、人権など）。

　ノルウェー政府年金基金という、運用資産10兆クローネ（約120兆円）を超す世界有数の年金基金があります。19年中、株式投資先の76％の規模に当たる3,941社に対し、テーマを決めて情報開示に関する評価を行いました（下のグラフ）。この基金では「将来世代のため」というコンセプトのもと、50年以上先を考えて投資先を選ぶといいます。

　地球の歴史と比べれば、50年もほんのわずかな期間にすぎません。他方、私たちの日常生活では数カ月や、1年単位での成績と向き合わないといけない人も多いはずです。このバランスに困るときは、ESG投資家の時間感覚を思い出してみましょう。

---

[i] 日本サステナブル投資フォーラムによる2019年3月末時点の集計を読み替えています　出所：https://japansif.com/survey

6-2-1　責任投資原則への参加者拡大

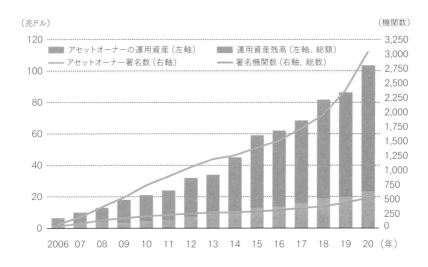

（兆ドル）

- アセットオーナーの運用資産（左軸）
- アセットオーナー署名数（右軸）
- 運用資産残高（左軸、総額）
- 署名機関数（右軸、総数）

（機関数）

出所：UNPRI　PRI Growth

6-2-2　ノルウェー政府年金基金による評価数（2019）

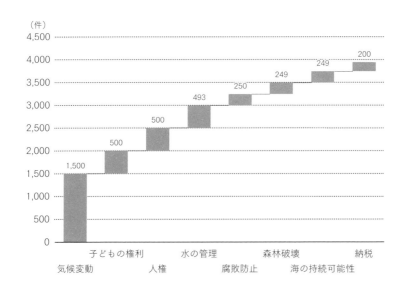

（件）

1,500	500	500	493	250	249	249	200

子どもの権利　　水の管理　　森林破壊　　納税
気候変動　　　人権　　　腐敗防止　海の持続可能性

出所：ノルウェー中央銀行投資管理部門（NBIM）　Government Pensionfund Annual Report 2019

誰の役に立つか分からない投資が多すぎる

明確な資金の使い道で人気を呼んだ「グリーンボンド市場」

　ESG投資とともに大きく成長した金融市場として、グリーンボンド市場があります。「ボンド」とは債券のことで、たくさんの投資家からお金を借りたいときに発行する有価証券の一つです。国が発行すれば国債、企業なら社債、自治体なら地方債などと呼びます。グリーンボンドとは、借りたお金の使い道を「グリーンなこと」、つまり、環境をよくする事業に限ることを約束して発行する債券です。再生可能エネルギーの発電所や省エネ性能のとても高いビルの建設、CO_2排出量の少ない公共交通の整備など、大がかりな設備投資をするときに使われることが多いです。

　このように、調達した資金の使い道（資金使途といいます）を限定し、しかも、その結果何トンのCO_2削減効果があったなどの効果を投資家に報告することは、一般的な債券発行ではしません。ざっくりとした使途を"説明"しても、約束するわけではないのです。グリーンボンド市場は、この資金使途をはっきりさせられるという特徴で人気を呼び、2019年には新たに2,589億ドルと、13年の22倍もの規模に成長しました（上のグラフ）。

　資金使途を約束してその効果を報告するという方法は、グリーンに加え、社会的な目的に使う「ソーシャルボンド」、環境と社会の両方に効果を出す「サステナビリティボンド」、さらに、ボンドだけではなくローン（銀行融資）にも広がっています。

まだまだ多い「効果不明」の資金

　別の角度からみても、サステナビリティに貢献するという目的にこだわったタイプの投資残高は増えています。再エネ・省エネや環境技術などサステナビリティテーマに絞った投資は1兆ドル、環境・社会面での貢献をより強く評価するインパクト/コミュニティ投資も4,000億ドルを超えました（下のグラフ）。

　このように、環境や社会に関する目的の役に立つようにという"ラベル"の貼られた資金は確実に増えています。しかし、忘れてはいけないのは、「これ以外」の資金も膨大にある、ということです。グリーンボンドで言えば、2019年の発行額のうち金融業以外の企業が発行したのは591億ドルで、その年の世界の社債発行市場は2.1兆ドルに上っています[i]。グリーンボンドの割合は3％に満たないのです。

　これだけ、ラベル付きの商品がもてはやされることの背景には、目的をはっきりさせたり、効果を約束したりしない資金が山ほどあるということを理解しておきましょう。

[i] OECD（2020）「Corporate Bond Market Trends, Emerging Risks and Monetary Policy」

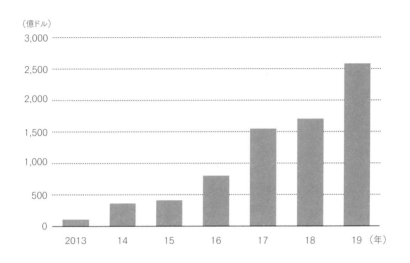

（億ドル）

出所：Climate Bonds Initiative　Green Bonds Global State of the Market 2019, back numbers

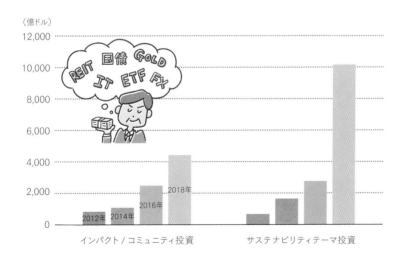

（億ドル）

出所：Global Sustainable Investment Alliance　2018 Global Sustainable Investment Review

6-4	起業の少なさとやりたいことの少なさ

長寿企業が世界一多い国、日本

　日本の課題として、起業が少なく、新しいビジネスやイノベーションが起きにくいということがよく指摘されます。必要な手続きの煩雑さや、大学からの知的財産権の移転がスムーズではないといった制度的な課題や、そもそも起業家精神が低いといった気質的なことも言われます。

　新たに登録された企業数をみると、2018年に日本では29,243社が誕生しており、データのある135の国と地域の中で34位でした（アメリカ、中国、韓国などが抜けています）。上位33の国と地域のうち、日本より人口の多い国はグラフの黄色の4カ国しかありません（上のグラフ）。

　ただ、日本の変化をみると数は増えています。10年で約6倍に増えました（真ん中のグラフ）。最近は、大学の研究成果を事業化につなげる支援体制が厚くなってきましたし、有名大学から大企業や官僚といった就職先ではなく起業を選ぶ人の話も珍しくなくなりました。それでもまだ、諸外国と比べると劣勢です。起業とは反対に、創業100年を超える長寿企業が世界一多いのは日本であり、起業だけに注目すべきではないかもしれません。

　ただどちらかというと日本人は変化を好まず、リスクを取らない性質があり、内閣府の報告書でも「形状記憶合金」と書かれるほどです[i]。今ある仕事の多くが10年もすると大きく変わるとすれば、仕事を創る力はあるに越したことはありません。

キャリア教育で「起業」をどう捉えるか

　OECDが世界の15歳に対して実施するPISA調査をみてみます。「粘り強さ」に関する質問で、日本の回答は「そう思わない」がOECD平均よりも多くなりました（下のグラフ）。「困難に直面したとき、たいてい解決策を見つけることができる」については41.4％が「そう思わない」と回答しています。PISA調査は学力テストの結果に目がいきがちですが、それ以上に重視すべき内容とも言えそうです。

　日本では2005年頃から「キャリア教育」として、小中高生に対して、将来の「社会的・職業的自立」に向けた支援が行われています。けれども、最近7年間を総括した報告書には「起業」という言葉は出てきません[ii]。

　今ある職業を知ることがキャリア教育の第一歩になっていますが、今ある仕事も元をたどれば誰かが始めたこと。そういうトーンがもっとあってもよいと言えそうです。

[i] 内閣府（2020）「選択する未来2.0」中間報告 P37　[ii] 国立教育政策研究所生徒指導・進路指導研究センター（2020）「キャリア教育に関する総合的研究

新たに登録された企業数

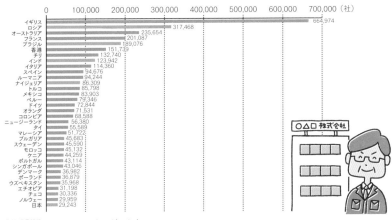

出所：世界銀行　New businesses registered (number)

新たに登録された企業数：日本の経年変化

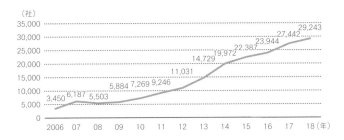

出所：世界銀行　New businesses registered (number)

「粘り強さ」に対する考え方

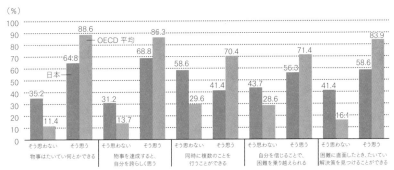

出所：OECD　PISA 2018 Results (Volume III)

日本の研究開発費はどうなっているのか

　アップル社は2019年、売上の6.2％に当たる162億ドルを研究開発費（R&D）に費やしました。これでも世界一というわけではありませんが、巨額の投資をする企業の一つです。けれども、iPhoneを生んだ「イノベーションの素地はすべて政府の資金によって生まれた」[i] とも言われます。音声アシスタントアプリのSiriはアメリカの国防省・国防高等研究計画局（DARPA）の開発が元になっていることがよく知られていますが、そもそもインターネットも無線通信技術もGPS技術も、同局やアメリカ国立科学財団、CIAなどの補助金等で開発されたもの、つまり、税金が元手の研究開発投資の成果だからです。

　6-1で、各国政府の資金使途を大づかみで比較しましたが、ここでは国全体、官民あわせた研究開発費についてみてみます（上のグラフ）。3年間にほとんどの国であまり変化がないなか、イスラエルと韓国の上位2カ国がさらに増やしています。日本は3％を超えており、平均値よりも高い国グループの一つに入っています。

　次に、研究開発費に占める政府の割合をみてみます。今度は、日本はイスラエルや韓国に近い、政府の割合が低いグループになりました。つまり、日本は民間による研究開発投資が主流の国ということが分かります（下のグラフ）。

貸出先がなくて困る銀行

　軍事技術の転用がアメリカやイスラエルの強みだろうし、日本は財政難でとても政府による投資は増やせないだろうから競争に負けてしまう……と考えると少し暗くなってしまいます。しかし、軍事という役割に代わる、サステナビリティの「使命（ミッション）」が何か決め、その使命を果たすために必要な資金の役割分担を行えばよいわけです。サステナビリティの視点での使命といえば、気候変動、資源、健康、教育などSDGsにどっさり書いてあります。

　ではそんな資金がどこにあるか？　となるわけですが、日本では「金余り」も実は問題になっています。全国の銀行では、預かった預金に対し、貸出先が約7割しかありません。よい貸出先がなくて困っているのです。

　ただ、預金は、元本と利息を必ず返さないといけない商品ですから、そのまま研究開発の初期段階のような将来が不透明な目的に使うのは難しいかもしれません。こうしたリスクとリターンの分担の最適解を考え出して商品化することこそ、役に立つ金融ビジネスであるでしょう。

[i] 大野和基（2018）『未完の資本主義』、PHP新書。P171 ルドガー・ブレグマン氏インタビュー

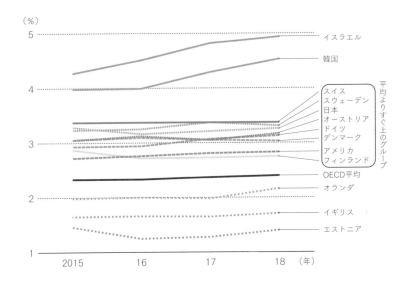

出所：OECD　Dataset: Main Science and Technology Indicators, GERD（総国内研究開発支出額）as a percentage of GDP

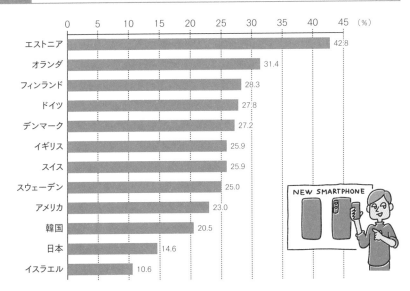

出所：OECD　Dataset: Main Science and Technology Indicators, percentage of GERD financed by government

お金の役割を考えなおす

マイクロクレジットはなぜ可能になったのか

　リスクとリターンの役割分担をずらすことで、結果として大胆な変革を支えることになるお金の使い方についてもう少し考えましょう。2006年、バングラデシュのムハマド・ユヌス氏と、同氏が創設したグラミン銀行がノーベル平和賞を受賞しました。貧困削減のために、マイクロクレジットという手法を広げたことがその理由です。

　マイクロクレジットの主な手法は、無担保で少額の資金を個人に貸し出すことです。ミシンを買う資金を借りたい女性がいたとしましょう。普通の銀行だと、この女性は担保になる土地や財産を持っていないので、申し込みを断ってしまいがちです。

　グラミン銀行の「グループ融資」では、この女性をよく知る人がグループを作って互いに連帯し合うことで、「この人はちゃんと返済する」という信頼をはっきり示します。そこで、無担保で、より安い金利で調達することを可能にしたのです。1983年から2006年までに700万人以上が平均100ドル（約1.1万円）を借りましたが、その95％が女性だったとのことです（上のグラフ）。

電気を作るだけではない太陽光パネル

　何を信用の元にするか、分けて考える場は途上国だけではありません。日本の発電所の設備の所有者を、電源別にみてみましょう。

　昔からある発電事業者らが多いのは、原子力、揚水式水力、LNG、石油、地熱です。比較的最近参入した企業が多いのは、太陽光に風力です（下のグラフ）。

　太陽光は、発電所数が2,520カ所もあり最も多く、一つずつの発電所の大きさがほかの電源よりも小さいことも特徴です。新規参入が多いため、発電事業の未経験者も多くなります。こうした場合、太陽光パネルの設置資金を貸すとしたら、発電所の所有者自身の発電ノウハウよりも、発電した電気を誰が買うのか、を重視します。誰かがよい価格で長期間買ってくれてこそ、初期投資を回収できるのです。

　つまり、信用の元を、実際にお金を借りる所有者一辺倒とはせず、電気のよい買い手があることに置いているわけです。固定価格買取制度という全国一律の再エネ促進政策によって、「分ける」ことをいちいち細かく検討する必要も薄れました。

　この結果、例えば、保育所などの屋根の上に太陽光発電パネルを設置する費用を、地域の人が出資して集めるような「コミュニティ発電所」の取り組みもしやすくなりました。そうなっていくと、太陽光発電パネルは単に電気を作るだけではなく、地域の話題や環境学習の機会作りにも貢献できそうです。

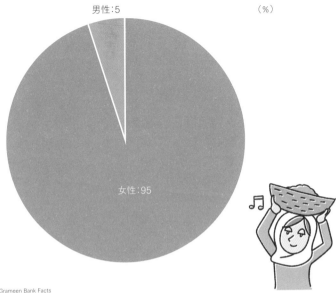

男性:5　　　　　　　　　　　　　　（％）

女性:95

出所:ノーベル財団　2006 Grameen Bank Facts

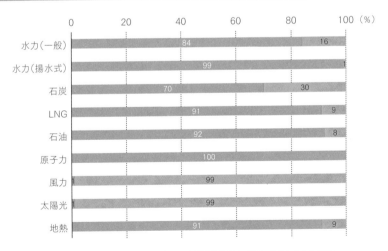

	10電力＋電源開発＋日本原子力発電＋JERA	その他企業
水力（一般）	84	16
水力（揚水式）	99	1
石炭	70	30
LNG	91	9
石油	92	8
原子力	100	
風力	99	
太陽光	99	
地熱	91	9

出所:資源エネルギー庁　電力調査統計をもとに筆者作成

6-7 お金で測られたくないときの選択肢

幸福度を尺度にすることは可能か

　GDPに代表される「お金の価値で評価する」こと自体を見直すことが必要だという議論も長年にわたってなされています。例えば、事故や災害のように起こってほしくないことがあったとします。それで病院に行ってかかった費用も、壊れたものを直す費用も、GDP上はプラスになります。あるいは、プレゼントを手作りして喜ばれてもGDP上はゼロですが、いらないものを買って喜ばれなくてもGDP上はプラスになります。

　有名なのがブータンの「GNH（Gross National Happiness：国民総幸福量）」です。同国の憲法第9条にも、基本方針として明記されています。2015年版の報告書によると、心理的幸福・健康・時間の使い方・教育・文化の多様性・良い統治・地域の活力・環境の多様性と回復力・生活水準の9つの分野のもと、33の指標があります。

　最近では2015年に8,000人を対象として聞き取り調査が行われ、結果は0〜1点の間で点数化され、全体の分布がまとめられています（上のグラフ）。

　しかし、ブータンのGNHは自国民にとっての幸福を表現しようとしているため、そのまま国際的に展開されることはなさそうです。

平均寿命は長くても「不健康」な日本人

　国際機関でも様々な試みがあります。国連大学や国連環境計画は2012年に、「Inclusive Wealth Index（IWI：包括的富指標）」という考え方を示しました。長期的な人工資本（インフラなど）、人的資本（教育や寿命など）、自然資本（農地、森林、天然資源など）を含めた国単位の資産を評価しようというものです。

　1990年から2015年までのあいだに、IWIとGDPがそれぞれどれだけ伸びたかを比較してみると、取り上げた国の中では日本とドイツで、IWIの方がGDPを上回っています。このパターンの国は全体でみても珍しいです（真ん中のグラフ）。

　OECDでは、「Better Life Index（BLI、よりよい暮らし指標）」を発表し、暮らしに近い情報を取り上げています。ウェブサイトでは、11の分野のうち特に重みをつけたい分野を選んで、自分流の指標を作ることもできます。日本の指標をみると、「健康」が他国より小さいです（下のグラフ）。平均寿命は長いのに、自分で自分を健康だと考える人が少ないためです。「市民参加」が小さいのは、政策の意思決定の仕組みと、投票率の低さが理由です。お金以外の評価指標はたくさんあります。共感できるものをぜひ見つけてください。

ブータンのGNHの変化

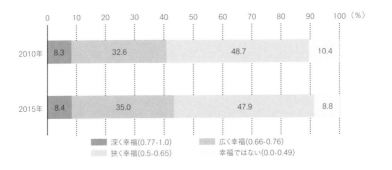

出所:Centre for Bhutan Studies & GHN Research　2015 GNH Survey Report

1990〜2015年までの、一人当たりIWIとGDPの伸び

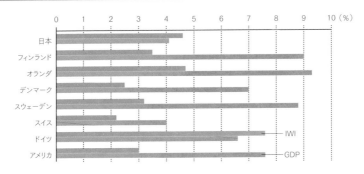

出所:UNEP　Inclusive Wealth Index

BLIのスコア分布（11の分野別）

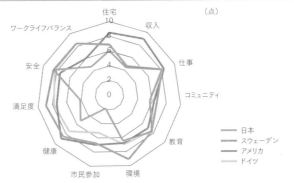

出所:OECD　Better Life Index

なぜCO_2の排出量は減らないのか

　大胆な変革に向けたお金の使い方の話の最後に、あまり景気のよい話ではありませんが、補助金や「移行」への痛みについて考えておきます。気候変動対策として化石燃料から再生可能エネルギーにシフトしていく方法として、分かりやすいのは「再エネを助ける」ことです。固定価格買取制度のように「作った電気は必ずこの値段で買います」と政府が約束するのは、かなり強いタイプの支援です。

　一方、「化石燃料を助けない」というアプローチも必要です。政府が化石燃料への支援も続けていると、再エネは新規参入者によって増えても、前から市場にいる化石燃料事業者にとって、その仕事を止めるほどにはならないかもしれません。結果として、燃焼に伴うCO_2の排出量は減らないままになってしまいます。気候変動対策としては、CO_2の排出量の絶対値を減らさなくてはならないため、これでは意味がありません。そこで、化石燃料への支援状況をみると、主要国の合計では2013年をピークに減少傾向にあったのですが、19年には増えてしまい、総額1,800億ドル弱となりました（上のグラフ）。

閉鎖される発電所の代わりはどうするか

　日本だけでみても、東日本大震災前の水準に戻った状態にとどまります（下のグラフ）。日本は「エネルギー研究開発の世界的リーダー」とされる顔も持っています[i]。東日本大震災後、エネルギー源を増やすために、南海トラフのメタンハイドレートから天然ガスを抽出するための技術開発や、海外での天然ガスなどの探索プロジェクトに参加する日本企業の支援を積極化しました。

　また、日本に限らず、石油精製のプロセスをより省エネにするための補助、といったものもあります。「省エネ」をみればグリーンですが、もともと石油を止めるべきだと考える立場からは、ブラウン（環境に悪い）なものを延命しているように見えるでしょう。ところで、石炭火力発電所などを閉鎖すると、そこで働く人の職場が失われます。その悪影響を避けるために、新たな雇用を生み出したり、教育訓練費用を政府が負担したりするケースもあります。これらは「脱炭素社会への移行」にかかるコストと言えます。

　新型コロナウイルス感染症で傷んだ経済をどう立て直すか、の議論でも、脱炭素社会への移行を最優先させるのか、いままで通りの雇用を応急措置で守るのか、は大きなトピックです。今後数年、目を離せない切り口となるでしょう。

[i] OECD（2016）「化石燃料に関する支援施策目録：日本」

6-8-1 OECDとG20国における化石燃料補助額の推移

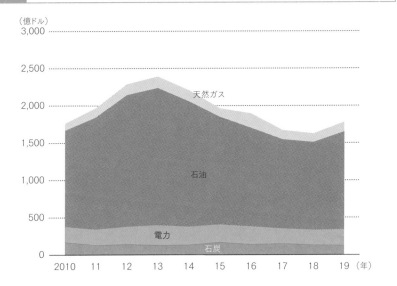

（億ドル）

天然ガス

石油

電力

石炭

2010　11　12　13　14　15　16　17　18　19（年）

出所：OECD　OECD-IEA Fossil Fuel Support and Other Analysis

6-8-2 日本での化石燃料支援の推移

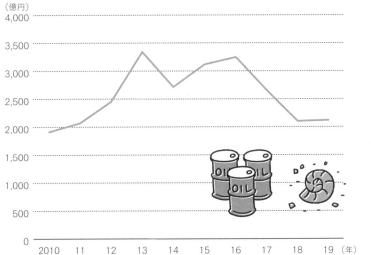

（億円）

2010　11　12　13　14　15　16　17　18　19（年）

出所：OECD　OECD Inventory of Support Measures for Fossil Fuels

仕事の大量生産・大量消費

「自分の仕事は意味がない」のか?

　大胆な変革を実行するためには、お金の使い方はもちろん大事ですが、担い手となる人のやる気やパワーも極めて重要です。ところが、働いている人のうち、かなりの人が自分の仕事は意味がない、と感じているという調査が出てきました。イギリスでの調査では、男性の42%、女性の32%がそう答えたというのです[i]。約3人に1人が、意味がないと思いながら仕事をしていると聞いて、「多い」と感じるでしょうか。

　大胆な変革を生み出すには、大小の様々な新しい挑戦を必要とします。この3分の1の人が、現状に何らかの不満を持っていることは確かなので、それを変化に向けたエネルギーにできるかどうかが分かれ道なのかもしれません。しかし、そもそも仕事を通じて何か社会の役に立つこと、意味のあることをしようとしていた人がどれほどいたか、ということにさかのぼってみましょう。

　日本の13歳以上29歳未満の若者に対する調査からは、日本の未来に向けた貢献への意識について、いくつでも選べる選択肢のなかから「仕事や学業をしっかりやることで社会に貢献したい」という回答をしたのは約3割、どれともいえないとしたのが約3割となっています(上のグラフ)。

　また、同じ年齢層の諸外国の若者との比較調査では、仕事を選ぶ際のポイントについて、聞いています。いくつでも選べる選択肢だからか、収入や労働時間という回答が6割前後で多いことが共通しています。「仕事内容」も多いですが、「仕事の社会的意義」となると1〜2割にとどまりました(下のグラフ)。

社会とのつながりを再考する

　こうした調査結果をつなぎ合わせて考えてみると、仕事については確かにまずそれがあること(雇用の数)が大事です。しかしそれ以上に、仕事と社会がどのようにつながっているのか、への意識のされ方に注目すべきなのかもしれません。

　2020年の新型コロナウイルス感染症対策で「エッセンシャルワーカー」(社会で必要不可欠な労働者)という言葉が知られるようになりました。医療、福祉、物流、食料などの分野が思い浮かびます。

　「必要不可欠か、どうか」に加え、「大胆な変革につながるか・貢献しているか」という点も、職業選択の時点で意識したいものです。さらに、仕事を作っている側(経営者や政府)への評価も、数や金額以上に「仕事の中身」で問われるべきだとも言えます。

[i] デヴィッド・グレーバー (2020)『ブルシット・ジョブ　クソどうでもいい仕事の理論』岩波書店 P39.

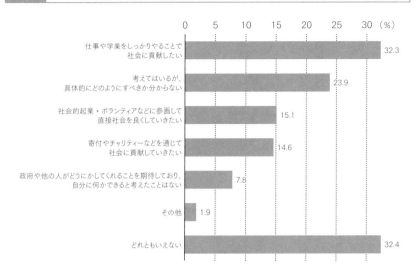

仕事や学業をしっかりやることで
社会に貢献したい 32.3

考えてはいるが、
具体的にどのようにすべきか分からない 23.9

社会的起業・ボランティアなどに参画して
直接社会を良くしていきたい 15.1

寄付やチャリティーなどを通じて
社会に貢献していきたい 14.6

政府や他の人がどうにかしてくれることを期待しており、
自分に何かできると考えたことはない 7.8

その他 1.9

どれともいえない 32.4

出所：内閣府　子供・若者の意識に関する調査（令和元年度）

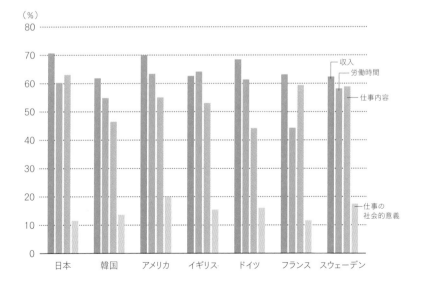

（％）

収入
労働時間
仕事内容

仕事の
社会的意義

日本　韓国　アメリカ　イギリス　ドイツ　フランス　スウェーデン

出所：内閣府　子供・若者の意識に関する調査（令和元年度）

第 **7** 章

世界平和は
どうして必要なのか

第7章 | 解 説

　この辺で、すべての活動を安心して行うベースとなる、平和についても考えておきたいと思います。

　第4章で、自治体にとっては「目標11：住み続けられるまちづくりを」が人気のある目標だと述べました。

　逆に、自治体からも企業からも、あまり積極的に取り上げられない目標が、16番目の「平和と公正をすべての人に」です。製品やサービスで貢献できる目標というイメージが湧きにくいためかもしれません。

　けれども、自然環境と調和しない社会や経済が成り立ち得ないのと同じくらい、平和なしには豊かな世界ということはあり得ないでしょう。

　この点で参考にできるのは、原爆の被爆地である広島県の「SDGs未来都市計画」です。広島県は、内閣府が実施している「SDGs未来都市」に2018年に選定されており、その際にこの計画を取りまとめました。2030年というSDGsの達成年を超え、2045年に「核兵器のない世界」を達成するために、ポストSDGsでそれが国連の目標になっていることを目指し、達成するために現在しておくべきことを整理しています。2045年は、国連ができて100年、広島と長崎に原子爆弾が投下されて100年になる年です。

　確かに、SDGsの17の目標、169のターゲット、232の指標をみても、「核兵器」という言葉はありません。また、SDGsの含まれる「アジェンダ2030」で検索しても、「核兵器」はヒットしません。

これは「平和」の捉え方が国によって大きく違うことを示しているでしょう。このような難しさを意識しながら、次のような視点を紹介します。

●世界史でも日本史でも、歴史の年表を読むと、たくさん出てくるのが戦争や、「XXの戦い」といった説明です。人類は互いに戦ってばかりいたのかと考えさせられますが、最近の戦争やテロについて、まず、亡くなった人の数をみてみます（7-1へ）。

●「難民」と聞くと、人で満員の小舟の映像を思い浮かべる人や、聞きなれない地名や民族の名前に驚く人もいると思います。私も、最近では、ミャンマーのロヒンギャの人々については難民のニュースを読むまで知りませんでした。そのような迫害を受けた人々に加え、最近では自然災害により住む場所を失った人も多いと言われる「難民」関連のデータを調べてみます（7-2へ）。

●7-1で暴力によって亡くなる人について取り上げますが、暴力に関連して、日本では子どもへの虐待や、若い世代の自殺が大きな問題になっています。調べるだけで苦しくなるデータばかりですが、ここで取り上げます（7-3へ）。

●平和に暮らせない状態になったとき、助けてくれるのはいったい誰でしょう。身近な人に頼れない場合を無理にでも想像してみると、駆け込むのはやはり、役所や警察など、公的な機関になると思います。それさえもやりにくいなんてことあるのか？という疑問を解くカギが、「無国籍」という言葉にあります。これについて分かっていることを調べてみます（7-4へ）。

●紛争鉱物やマネー・ロンダリング（資金洗浄）は、この本で取り上げるキーワードのなかでもあまり知られていない方ではないかと思います。紛争鉱物（conflict

第7章 解説

minerals)は、そんなふうに課題に名前をつける(定義する)ことで、世界で起きている課題を明らかにした例でもあるでしょう。マネー・ロンダリングも、資金を「洗浄」するとは何なのか気になります。ここではこの2つについて整理してみます(7-5へ)。

●少し企業のことを調べてみようとするときに、「産業分類」や「業種」といった言葉にぶつかります。日本では、総務省の「日本標準産業分類」や東京証券取引所の「33業種区分」「17業種区分」などがよく使われます。しかし、この分類を見ていても分からないことの一つに、「戦争になったら儲かる企業や産業」があります。平和の観点からみておきたいのは通称、「軍需産業」についてです。手がかりを取り上げてみました(7-6へ)。

●私は子どもの頃、核戦争や人類滅亡のようなことを扱ったテレビ番組を見て、しばらくは「戦争が絶対起こりませんように」と何度もつぶやかないと寝つけないことがありました。現在は、テレビに限らずインターネットを通じて、世界の災害や紛争の様子を目にする子どもも増えているかもしれません。最後に、私たちの平和への意識について調べてみます(7-7へ)。

第7章で扱う指標	169のターゲット	指標（総務省仮訳）
7-1 暴力による死者数	16.1 あらゆる場所において、全ての形態の暴力及び暴力に関連した死亡率を大幅に減少させる。	16.1.1 10万人当たりの意図的な殺人行為による犠牲者の数（性別、年齢別）
		16.1.2 10万人当たりの紛争関連の死者の数（性別、年齢、原因別）
		16.1.3 過去12カ月において (a) 身体的暴力、(b) 精神的暴力、(c)性的暴力を受けた人口の割合
		16.1.4 自身の居住区地域を一人で歩いても安全と感じる人口の割合
7-2 難民、気候難民	1.5 2030年までに、貧困層や脆弱な状況にある人々の強靱性（レジリエンス）を構築し、気候変動に関連する極端な気象現象やその他の経済、社会、環境的ショックや災害の暴露や脆弱性を軽減する。	1.5.1 10万人当たりの災害による死者数、行方不明者数、直接的負傷者数
7-3 子どもへの暴力	16.2 子供に対する虐待、搾取、取引及びあらゆる形態の暴力及び拷問を撲滅する。	16.2.1 過去1カ月における保護者等からの身体的な暴力及び/又は心理的な攻撃を受けた1～17歳の子供の割合
		16.2.2 10万人当たりの人身取引の犠牲者の数（性別、年齢、搾取形態別）
		16.2.3 18歳までに性的暴力を受けた18～29歳の若年女性及び男性の割合
7-4 無国籍	16.9 2030年までに、全ての人々に出生登録を含む法的な身分証明を提供する。	16.9.1 5歳以下の子供で、行政機関に出生登録されたものの割合（年齢別）
7-5 児童労働	8.7 強制労働を根絶し、現代の奴隷制、人身売買を終わらせるための緊急かつ効果的な措置の実施、最悪の形態の児童労働の禁止及び撲滅を確保する。2025年までに児童兵士の募集と使用を含むあらゆる形態の児童労働を撲滅する。	8.7.1 児童労働者（5～17歳）の割合と数（性別、年齢別）
7-5 マネー・ロンダリング	16.4 2030年までに、違法な資金及び武器の取引を大幅に減少させ、奪われた財産の回復及び返還を強化し、あらゆる形態の組織犯罪を根絶する。	16.4.1 内外の違法な資金フローの合計額（USドル）

戦争とテロで死ぬ可能性について考えてみる

世界から戦争はなくなるのか

　戦争とは、国対国が武力で戦うことを指します。最近の世界では、戦争は減っています。2003〜11年のイラク戦争の後、武力衝突は「紛争」ばかりです。国の中での民族同士や、宗教間、天然資源、土地をめぐる争いごとがきっかけになることがほとんどです。

　世界全体でみると1946年以降、戦争・紛争による死者は減っています。45年までの第二次世界大戦では、5,000万人とも6,500万人とも言われる数の人が亡くなりましたが正確な統計はありません。その第二次世界大戦が終わる少し前にできた国際連合は、戦争をなくすことを元々の設立目的としています。

　最近では、世界の12の最も深刻な武力紛争地における、2015〜17年の3年間で民間人の死者数は約11万人です。これは、10万人当たりの死亡率では年間11.9にあたります[i]。意外と少ないと思うかもしれません。しかし、けが人や家を失った人はこの何倍いたのか、11万人に含まれない戦闘員に少年兵はどのくらいいるのかなど、考えるべきことはたくさんあります。彼らの8人に1人が女性か子どもです。

　また、世界全体で紛争が減っていても、個々の現場にいる人にとっては、深刻な状況が変わるわけではありません。最近では南スーダン周辺やシリアなどで、大規模な殺害や、難民の発生、国土の荒廃などが続いています。生活を立て直せるまでにはまだ長い時間がかかりそうです。

最も多い米州での死亡率

　次に、視野を「暴力による死者」に広げてみましょう。武力紛争やテロ以外の暴力とは、殺人や自殺のことをいいます。2017年のデータでは、意図的な殺人による死者が、武力紛争やテロよりも約4倍多くなりました（上のグラフ）。

　人口10万人当たりの死亡率を地域別にみると、米州が最も高い17.2人となり、続いてアフリカの13人です（下のグラフ）。先進国を含む米州で最も高いというのは、少し驚きですね。中南米のエルサルバドル、ホンジュラス、ベネズエラ、ブラジルで約30〜60と高いためです。日本は、死亡率は1未満（0.25）と低く、長期的にも減っています。ただ、殺人が多い国では、被害者のほとんどは男性ですが、日本、韓国、オーストリアなど、1未満の国では女性が多数を占めるとも言われています。

　全体が平和になれば、被害者は少数派になります。少数派になってしまうがゆえの辛さ（差別、偏見、孤独など）にも、目を向けなくてはなりません。

[i] 国連「SDGs Report 2020」目標16.　出所：https://unstats.un.org/sdgs/report/2020/goal-16/

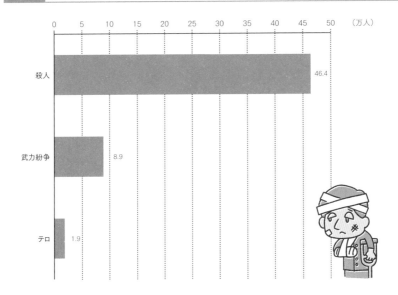

7-1-1 **2017年の暴力による死者数**

（万人）

- 殺人 46.4
- 武力紛争 8.9
- テロ 1.9

出所：国連広報センター　紛争と暴力の時代
　　　国連薬物犯罪事務所（UNODC）Global Study on Homicide 2019

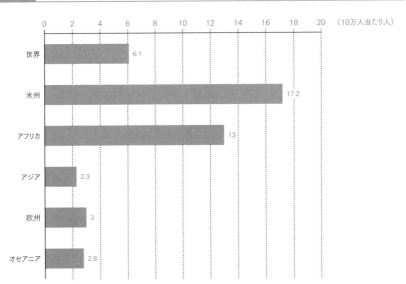

7-1-2 **2017年の殺人による死亡率**

（10万人当たり人）

- 世界 6.1
- 米州 17.2
- アフリカ 13
- アジア 2.3
- 欧州 3
- オセアニア 2.8

出所：国連薬物犯罪事務所（UNODC）Global Study on Homicide 2019

気候難民が生まれている？

なぜ「住む場所」がなくなるのか

　「難民」とは、いま住んでいる国にいると、武力紛争や人権侵害の被害を受けてしまう恐れが大きいことから、国外に逃れ、他国に助けを求める人のことを言います。命の危険があるところが重要です。助けを受け入れた国が認めて初めて公式に「難民」となった人が、2,600万人います（上の円グラフ）。

　ただ、公式な難民以外にも、住む場所を失った人はたくさんいます。最近多いのは、「国内避難民」となった人たちです。難民と同じような理由で逃げたけれども、国境を越えていない場合です。難民も含め、世界で7,950万人に達します（真ん中の円グラフ）。国境を越えていない人に対して国際社会がどのように援助できるのか、というのは実は未解決の課題です。

　気候変動によってひどくなる自然災害の影響で、住む場所や生活の糧を失う人たちもいます。2017年には、自然災害関連で新たに1,880万人もの国内での移住が発生したといいます[i]。その人たちのことを"気候難民"とすることもメディアなどではありますが、国際法上の難民には当たらないため、用語には注意が必要です。

国を選ばない異常気象

　異常気象そのものは、政治的に安定している国でも不安定な国でも、国を選ばずに起こります。すぐにきちんとした避難所に避難できたり、支援を得られたりするかどうかは、国の仕組みや余裕の大きさによるのです。最近の世界で最も多くの難民を生んだシリアでは、気候変動との因果関係を指摘する研究もあります。

　シリアのある地中海東部では、2006年から3年以上、経験のない干ばつが発生しました。干ばつで農民の生活が成り立たなくなり、仕事を求めて都市に流入します。政府に不満を持つ人も増えると、もともと不安定だった政情は悪化します。シリアでもそうなってしまったというわけです。この干ばつの原因は、気候変動でしか説明できないと分析されています。気候難民と言わずとも、環境問題と平和もつながり合っていて、ときに非常に深刻な状態を引き起こすことが分かると思います。

　日本では、国境に避難してきた人が押し寄せるといったことはほぼありませんし、難民申請をする人も多くて年間2万人です（下のグラフ）。難民や、難民とは言えないが庇護の対象となった人は、ここ数年、約100人ずつしかいません。

　日本でも毎年深刻な規模の風水害が続いていますが、自らの備えとともに、他国を助けられる準備もしておきたいものです。

i UNHCR Climate Change and Disaster Displacement

7-2-1 国別の難民等の人数（2019年末時点）

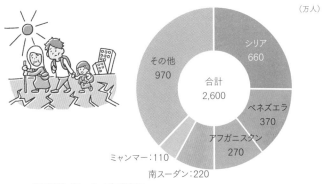

（万人）

その他
970

合計
2,600

シリア
660

ベネズエラ
370

アフガニスタン
270

南スーダン：220

ミャンマー：110

出所：UNHCR　Refugee Population Statistics

7-2-2 家を追われた人たち（2019年末時点）

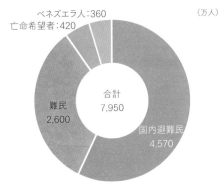

ベネズエラ人：360
亡命希望者：420

（万人）

難民
2,600

合計
7,950

国内避難民
4,570

出所：UNHCR　Refugee Population Statistics　（注：ベネズエラ出身者は未定のため分けられている）

7-2-3 日本政府による難民・庇護の対象人数

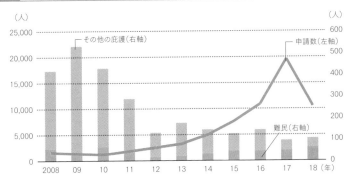

注：左軸は申請した人数（線グラフ）、右軸は難民や庇護の対象になった人数（棒グラフ）
出所：法務省　我が国における難民庇護の状況等

第7章　世界平和はどうして必要なのか　155

7-3 子どもが、子どもの権利を知らない

法律で禁止された子どもへの体罰

2020年4月、日本は世界で59番目に、子どもへの体罰を法律で明確に禁止した国になりました[i]。その背景にあるのは、児童虐待の深刻な事態です。19年に児童虐待として警察が検挙した件数は1,972件に達し、5年で倍増しました（上のグラフ）。

その83％が、身体的虐待、つまり、親などが子どもに対し肉体的な暴力を繰り返し、習慣的に行ったことによるものです。「しつけ」のつもりで体罰を正当化する親などが多く、その深刻さから、法律上で禁止すべきこととなったのです。

法律で禁止されたからといって、目の届きにくい家庭内の体罰がすぐになくなるとは考えにくく、どのように確実に体罰をなくすのか、大人全体が行動を変えていかなくてはなりません。大人が子どもにふるう暴力の虐待に対し、子どもが自分自身に対してふるってしまう最大の暴力の結果が、子ども世代の自殺と言えます（3-4参照）。

「絶望感」が後押しする自殺

2019年中の19歳までの自殺者659人のうち、原因・動機（明らかに推定できるもの）が分かっているなかで、最も多いのは「入試以外の進路に関する悩み」で57人です（下のグラフ）。原因・動機は1人三つまで計上できるため、重なりまでは分かりませんが、進路・学業不振・入試などが上位に挙がっており、自分が何らかの期待通りにできていないことに対する絶望感が自殺に結びついていることがうかがえます。

大人から子どもへの暴力や、子どもの自殺が、なぜこんなにたくさん発生してしまうのでしょうか。理由をすっきりと特定することはできません。一つ言えそうなのは、子どもには、子ども独自に生きる権利があるということを、社会全体がまだのみ込めていないということです。

子どもの権利とは、「生きる権利」「育つ権利」「守られる権利」「参加する権利」から成ります。このことが書かれた条約に日本が世界で158番目に批准したのが、1994年のことです。そこから25年が過ぎた2019年時点の調査では、「内容までよく知っている」と答えたのは子どもの8.9％、大人の2.2％のみでした[ii]。

子どもは大人の従属物ではなく、人間として生き、育つ権利があるという考え方を、暴力を減らすためにももっと広げていく必要がありそうです。

[i] イギリスの非営利団体 Global Initiative to End All Corporal Punishment of Children の2020年2月の発表資料より　[ii] セーブ・ザ・チルドレン・ジャパン（20

児童虐待による検挙件数

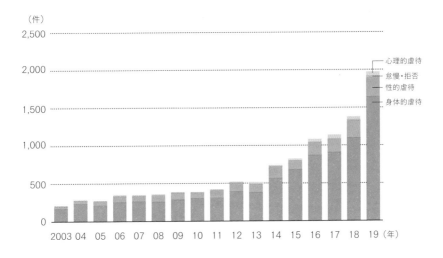

出所：警察庁　2019年における少年非行、児童虐待及び子供の性被害の状況

19歳までの自殺の原因・動機（20人以上が該当したもの）

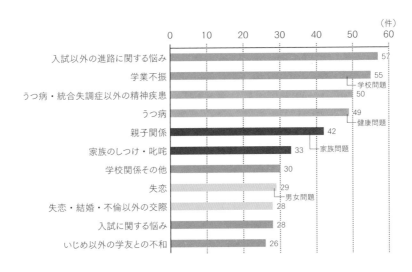

出所：厚生労働省自殺対策推進室　令和元年中における自殺の状況

人アンケートから見る子どもの権利に関する意識」

7-4　籍がないことの重み

世界では4人に1人が「存在しない子ども」

　日本では、家族構成を証明するため、また、その人が日本人であることを証明するための唯一のものとして「戸籍」があります。子どもが生まれたときに、出生の届出をすることにより、その子の戸籍が作られます。

　つまり、子どもが生まれたのに役所に届けに行かなければ、その子は「無戸籍状態」となってしまいます。そうなると、検診の知らせも、小学校への入学通知書も、その子のもとには届きません。誰でも受けられる行政上のサービスが受けられなくなるのです。また、戸籍の情報がないと、パスポートを作ることもできません。

　そんなこと普通あり得ないでしょ?と思うかもしれません。実際、ユニセフの統計データを調べても、「行政機関に出生登録された5歳以下の子どもの割合」をみると、日本は「100v」と示されています[i]。これは、「推定100％。完全な住民登録制度があり、出生を含むすべての重要な事柄が登録されているとの前提による」という意味です。世界全体でみると、登録されている子どもの割合はまだ73％にすぎず、4人に1人は法的に存在していないのと同じです(上のグラフ)。それと比べれば、確かに日本はしっかりしているように見えるでしょう(なお日本以外にも推定100％の国は複数あります)。

　しかし、少々甘い点数だと言わざるを得ません。日本でも法務省に「無戸籍でお困りの方へ」というウェブページがある[ii]ように、実際には出生届を出すことをためらう親や、無戸籍の人がいます。

「無戸籍」の孤独をどう乗り切るか

　それは、離婚と再婚のはざまの出産のケースなどです。無戸籍の人は、民間による推計では1万人以上とも言われ、法務局の調査でも累計2,407人、直近で830人がまだ無戸籍でした(下のグラフ)。830人のうち、すでに20歳以上の人も155人です。

　子どもからすると、親の事情で自分の戸籍を作ってもらえないのです。法務省では母親が届出をためらうケースを具体的に想定し、どうしたらよいか、相談を促しています。根本的な解決策はないのかというと、民法の中の親子関係に関する条文を改正することや、国籍法の適用範囲拡大といった方法があり得ます。

　海外からも「完全」とみられる戸籍制度のある国にいるのに戸籍がない、ということは、非常な孤独を伴うでしょう。日本人の子の無戸籍に加え、不法滞在中の外国人の子どもなども想定した議論も必要です。

[i] ユニセフデータより。原典は国連統計部　[ii] 法務省民事局

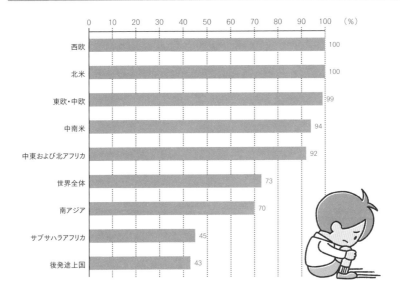

7-4-1　出生登録がされている子どもの割合（5歳以下）

地域	割合(%)
西欧	100
北米	100
東欧・中欧	99
中南米	94
中東および北アフリカ	92
世界全体	73
南アジア	70
サブサハラアフリカ	45
後発途上国	43

出所：UNICEF　Birth registration June 2020　注：東アジアと太平洋はカテゴリなし

7-4-2　国内の無戸籍者の人数

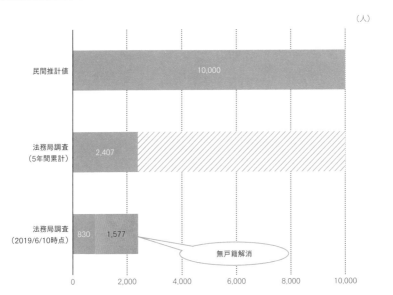

（人）

	人数
民間推計値	10,000
法務局調査（5年間累計）	2,407
法務局調査（2019/6/10時点）	830　1,577

無戸籍解消

出所：法務省　法制審議会民法（親子法制）部会第1回会議（令和元年7月29日開催）

パソコン・スマホ・アクセサリーと児童労働

あなたの買い物は児童労働につながっている?

あなたの買ったスマホのせいで、遠いアフリカの国で児童労働が行われ、その子が稼がされたお金が武装勢力の戦いの資金源になっていると言われたらどうしますか。武装勢力のやり方がおかしいからといって、暴力で対抗していたら戦いを増やすだけになってしまいます。暴力以外のやり方で力を削ごうとすれば、方法の一つが「資金源を断つ」ことです。そこで、買い物に至るお金の流れが重要になるのです。

「紛争鉱物」とは、アメリカで規制ができた2010年以降、コンゴ民主共和国やその周辺の紛争地域で、売買収入が武装勢力らの資金源になっている鉱物のことを指します。対象は、錫、タンタル、タングステン、金の4種類です(上の表)。

アメリカの規制では、上場している企業に対し、紛争鉱物の使用状況を米国証券取引委員会に報告することを義務付けました。義務付けたのは「報告すること」だけですが、これにより、上場企業はサプライチェーン(原材料の仕入れ先全体)の調査をすることになりました。

違法な資金の流れを「見えなくさせない」ために

「資金源を断つ」は大変まどろっこしいように思うかもしれませんが、こうした規制ができると、企業にとっては、開示する内容が「十分ではない」と批判される可能性がうまれ、下手をすると評判を落とすことになってしまいます。

そのため、「コンフリクトフリー」(紛争に加担しない会社)を目指し、それを証明できない精錬所などとは取引を止めるという企業が出てきます。上場企業が取引を止めると、そのサプライチェーンをつたって、おおもとの鉱山での「資金源を断つ」に近づきます。

例えばアップル社では、2009年から19年までに4鉱物あわせて123の精錬所等との取引を停止したと報告しています。同社をはじめとする情報通信機器に関するグローバル企業や、ティファニーなどの宝飾品大手企業に対しては、人権NGOによるレポートも出されています[1]。

「資金の流れを断つ」という点では、マネー・ロンダリング(資金洗浄)対策も重要です。紛争鉱物に限らず、麻薬や盗品など、違法に集めた資金を、口座から口座へ移すなどしていつのまにか違法性を隠してしまうことを資金洗浄といいます。日本国内での検挙件数が増えていることにも、注意を払っていく必要があります(下のグラフ)。

[1] イナフ・プロジェクト (2017)「Conflict Minerals 2017 Company Rankings」

7-5-1　紛争鉱物の種類

鉱物	主な用途	主な産地
錫(Tin)	パソコン、テレビ、スマホ	中国、インドネシア、ミャンマー、ペルー、ブラジル
タンタル	エアゾール缶、ハンダ、メッキ	コンゴ民主共和国、ルワンダ、ブラジル、ナイジェリア
タングステン	集積回路、白熱電球	中国、ベトナム、モンゴル、ロシア
金(Gold)	宝飾品、歯科医療部品	中国、ロシア、アメリカ、カナダ

出所：USGS（アメリカ地質調査所）　MINERAL COMMODITY SUMMARIES 2020

7-5-2　日本国内のマネー・ロンダリング検挙件数

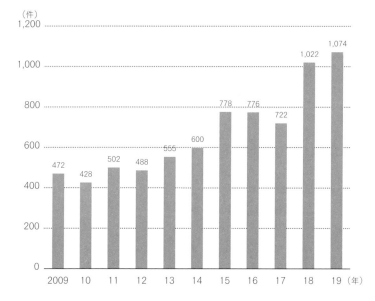

出所：警察庁　令和2年版警察白書

成長を続ける軍需産業

突出して大きいアメリカの軍事支出

　軍の技術がインターネットの発展の基礎にあることはよく知られていますし、iPhoneのもとになる技術もアメリカの国防省発であることはすでに紹介しました。世界全体の軍事支出の状況は、上位10カ国で4分の3を占め、アメリカが突出して大きくなっています（上のグラフ）。ただ2010年から19年までの変化幅でみると、アメリカとイギリスが15％減少したのに対し、中国が85％と大きく増加、インド、韓国、ロシアも30％以上増加しています。相対的に、軍事大国がばらけ、増えてきているということです。日本は金額としての変化は小さく、順位はイギリスに次ぐ9位となりました。

　軍事費が増えるということは、戦闘機や軍艦、爆弾など分かりやすいものから軍服や宿泊施設まで、軍需産業にとってマーケットが拡大するということも意味します。

　近年話題のESG投資ですが、ESGという言葉ができる前には「SRI」（Socially Responsible Investment：社会的責任投資）と呼ばれていました。その原型は、宗教的投資家（主にキリスト教の教会）が、アルコールやギャンブルに関する企業を投資対象から外したことにあるとされます。投資対象から外す基準を決めてふるいにかけることをネガティブスクリーニングといいます。軍需産業についても、1970年代のベトナム戦争反対運動を背景にその対象になり始めました。

ネガティブスクリーニングとは何か

　2018年の調査でも、世界で約19.8兆ドルがネガティブスクリーニングを行うESG投資として分類されており、ESG投資の手法としては最大規模です[i]。

　ただ、典型的な対象セクターとしてはタバコ・アルコール・武器・ギャンブル・風俗、加えて動物実験、原子力、遺伝子組み換えなどが挙がることが多く、武器だけを特定して排除するのはごく限られたファンド単位であるようです。

　ではネガティブスクリーニングを「しない」スタンスの場合どのように考えるかというと、「宇宙・防衛」セクターならば、省エネで有害廃棄物を出さず、データセキュリティがしっかりしていて、公的機関との取引において賄賂や談合をしていない、などのポイントが情報開示されていたらOK、ということになります。

　世界のリーダーの見方では、「大量破壊兵器」は起こったときの悪影響の大きなリスクの上位5種類に常に入っています（下の表）。核兵器や生物兵器などがそれに当たります。「省エネな核兵器」が容認されることのないよう、監視していかなくてはなりません。

---

[i] GSIA「2018 Global Sustainable Investment Review」Figure6.

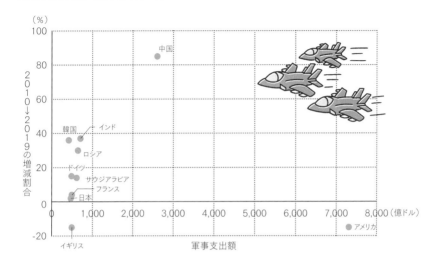

出所：ストックホルム国際平和研究所（SIPRI）　SIPRI Fact Sheet April 2020をもとに筆者作成

	2015年	2016年	2017年	2018年	2019年	2020年
1位	水危機	気候対策の失敗	大量破壊兵器	大量破壊兵器	大量破壊兵器	気候対策の失敗
2位	感染症	大量破壊兵器	異常気象	異常気象	気候対策の失敗	大量破壊兵器
3位	大量破壊兵器	水危機	水危機	自然災害	異常気象	生物多様性の喪失
4位	国家間紛争	望まない移住	自然災害	気候対策の失敗	水危機	異常気象
5位	気候対策の失敗	エネルギー価格ショック	気候対策の失敗	水危機	自然災害	水危機

出所：世界経済フォーラム　The Global Risks Report 2020

世界はだんだん平和でなくなっている?

日本人が平和に対して持つ意識

　2015年1月、フランス・パリで風刺新聞社をイスラム過激派が襲撃した事件のあと、世界中でそのニュースや、フランス国内での大規模なデモが報じられました。これを見て、「世界はだんだん平和でなくなっている気がする」と、日本の小学生どうしが登校中にしゃべっていました。

　日本人が平和についてどのような意識を持っているのか、毎年行われている調査をみてみると、世界的な戦争や事件の有無によって、でこぼこができています（上のグラフ）。1975年から2020年1月までの45年間のなかで、「平和だと思う」と考えた人が半分以下になったのは3回でした。01年の9.11同時多発テロ、03年のイラク戦争とSARS（新型肺炎の流行）、11年の東日本大震災のそれぞれ直後です。

　ただし、戦争が起こると必ず「平和だと思う」と考える人が減るわけではありません。1990年の湾岸戦争勃発後には70%以上を保っていました。それが、95年の地下鉄サリン事件以降、戻っても60%程度までにしかいっていません。

所得の高い国でテロは減った?

　世界全体でみたとき、戦争そのものが減っていることは7-1で触れました。ではテロはどうかというと、15人以上の死者が出た爆破テロ事件の情報を集めたデータベースによれば、2000年代に入ると、死者数も件数も急増しました（真ん中のグラフ）。01年のアメリカの9.11同時多発テロは、死者数が3,000人に近く、最も大きな爆破テロでした。地下鉄サリン事件は爆破テロには数えられていませんが、テロの恐ろしさが先進国にしみわたっていったように思えます。

　ただ、日本で生活していて見聞きするような、先進国でのテロの発生数は限られており、所得の高い国ではむしろ減ったというデータもあります[i]。身近な生活のなかでテロの存在を意識するようになったのは、SNSを通じた画像を含む情報の拡散や、先進国ではテロの未然防止対策を街のあちこちで行うようになったからかもしれません。

　実際、日本でも、15年には「国際テロ情報集約室」などの組織が内閣官房に設置されました。また、テロ対策のための警察庁の予算は、首脳国会議やオリンピックなどの国際的なイベントに向けて増えています（下のグラフ）。新型コロナウイルス感染症対策で大規模なイベントのあり方そのものが変わりました。テロ対策も、新たな局面を迎えているのかもしれません。

[i] ハンス・ロスリング他、上杉周作、関美和訳（2019）『ファクトフルネス』日経BP　P156

「平和である」と考える人の経年変化

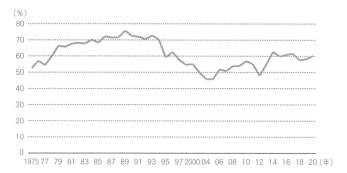

出所：内閣府　令和元年度　社会意識に関する世論調査

爆破テロの件数・死者数の推移

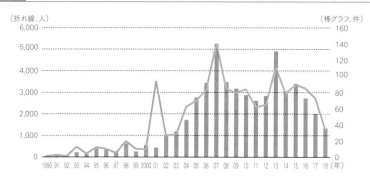

出所：Center for Systemic Peace, High Casualty Terrorist Bombings

テロ対策予算の推移

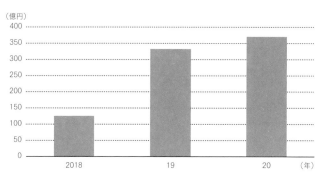

出所：警察庁　各年度予算の概要

第8章

これからの社会で必要とされる人作り

第**8**章 | 解　説

　　ここでは改めて、「人」に注目します。第2章では、豊かな将来に向けて、変革の担い手としては「多様なチーム」が大切ではないか、という点を取り上げました。第8章では、特に「次世代」に絞っていきます。

　　次世代とは、大まかに、子どもに加え、大学生程度までを想定しています。子どもとは、法律上の定義では、ほとんどの場合18歳未満のことをいいます（法律では児童ということが多いです）。けれども、高齢化と高学歴化が進んだ現在、大学生のあいだくらい（20代前半まで）を含めて「次世代」と考えてもよいのではないかと思います。

　　2020年の新型コロナウイルス感染症対策の影響は、次世代にも広く及んでいます。全世界で12億人が学校に通えず、一日の栄養摂取が給食頼みだった3.7億人はその機会を失い、栄養不良や発育阻害の子どもが大幅に増えていると言います。また、児童労働についても、過去20年間で初めて増加に転じるとも予想されています。

　　これまでの取り組みの積み重ねで改善してきた子どもの育つ環境が、一気に逆戻りしてしまうわけです。その結果、学校に通えないまま年齢を重ねて働かざるを得なくなったり、栄養不良が心と体の成長を妨げてしまったりすると、一生涯それを引きずってしまう可能性があると心配されています。

　　国内に目を向けると、新型コロナが広がる前から、次世代に関する様々な課題が明らかになっていました。本書では第3章（3-4）で子どもの自殺率について、第7章（7-3）でも子どもの権利について取り上げたほか、待機児童（2-5）やゲーム依存症（3-7）、無戸籍（7-4）も、次世代に関わる内容でした。

これら以外にも、次世代が、これから健やかに育ち、持続可能な社会の担い手になっていくのか、という視点で考えると、深刻な気持ちになってしまうデータがたくさんあります。例えば、いじめの認知件数も過去最高になり、不登校も減る気配がありません[i]。児童虐待の相談対応件数も増え続けています[ii]。子どもの貧困についても、小中学生で給食費や学用品費などの支援を必要としている子どもは、全国で14.9％に上ります[iii]。都道府県によっては20％を超しており、5人に1人の子どもが、文房具ひとつ買うことさえにも苦労をしていると言えます。

　それぞれ、深掘りしていくべき重要な課題です。が、本章では、あえて目線を大人に向け、現在の大人世代が、次世代に対してどのような扱いをしているのか、特に教育に関するお金のかけ方や、教育に携わる人に関する内容に広げていきます。そうすることで、表面に表れてくる課題どうしのつながりや、特に困難な状況にある子だけの問題ではないことに気が付いていただければと思います。

●まず、数の問題、つまり少子化についてです。出生数を実数でみて、絶対人数が、日本の近年の歴史と比べるとどうなっているのか、また、諸外国と比較すると多いのか少ないのかについて取り上げます（8-1へ）。

●日本で子育てをしにくいと感じる人は、その理由として、子育てにかかる費用が高いせいだとする見方もあります。家計による年間支出から、その現状を調べていきます（8-2へ）。

●社会全体でみた教育費の話を続けます。政府支出の中で教育費がどのくらいを占めているのかについて、さらに、経済全体（GDP）の中で教育費の公的負担はどうなっているか、について、まとめてみます（8-3へ）。

第**8**章 | 解　説

●次に、大人になっても学びなおそうとしている人の割合や、その学びなおしの方法について調べてみます。最近では、働き方改革を人材育成改革と表裏一体としてみる動きも増えてきました(8-4へ)。

●学ぶ側だけではなく、教える側の事情も知りたくなります。まず、保育や教育に携わっている人の年収の水準がどの程度か、ざっと調べてみます(8-5へ)。

●教育現場では、先生たちが忙しすぎるということを、よく耳にしませんか。「先生には用事があるから、休み時間に遊ぶことができない」と低学年の子が言うのを聞いたことがあります。先生が、学校にいる時間と実際に子どもと接している時間がどうなっているのかといった事情を探ります(8-6へ)。

●先生という仕事の大変さが目立つようになったからか、先生になりたいという人が減っています。その経年変化や、「大変さ」を示す一つの要素としての残業時間について整理してみます(8-7へ)。

●次世代の抱える課題の中でも、解決することができたら、その効果が非常に大きいと言われるのが子どもの貧困対策です。子どもの貧困率について、まずは中期的な変化の経験値をみてみます(8-8へ)。

ⁱ 文部科学省「令和元年度 児童生徒の問題行動・不登校等生徒指導上の諸課題に関する調査結果について」2020年10月22日発表
ⁱⁱ 厚生労働省「児童虐待相談対応件数の動向について（令和2年1月～6月分［速報値］）」
ⁱⁱⁱ 文部科学省「就学援助等実施状況調査結果」（平成30年度）

第8章で扱う指標	169のターゲット	指標（総務省仮訳）
8-2 教育費	**4.1**　2030年までに、全ての子供が男女の区別なく、適切かつ効果的な学習成果をもたらす、無償かつ公正で質の高い初等教育及び中等教育を修了できるようにする。	**4.1.1**　(i)読解力、(ii)算数について、最低限の習熟度に達している次の子供や若者の割合(性別ごと) (a)2～3学年時、(b)小学校修了時、(c)中学校修了時
8-4 職業教育・ 生涯教育	**4.3**　2030年までに、全ての人々が男女の区別なく、手の届く質の高い技術教育・職業教育及び大学を含む高等教育への平等なアクセスを得られるようにする。	**4.3.1**　過去12カ月に学校教育や学校教育以外の教育に参加している若者又は成人の割合(性別ごと)
	4.4　2030年までに、技術的・職業的スキルなど、雇用、働きがいのある人間らしい仕事及び起業に必要な技能を備えた若者と成人の割合を大幅に増加させる。	**4.4.1**　ICTスキルを有する若者や成人の割合(スキルのタイプ別)
8-5 働きがい	**8.5**　2030年までに、若者や障害者を含む全ての男性及び女性の、完全かつ生産的な雇用及び働きがいのある人間らしい仕事、並びに同一労働同一賃金を達成する。	**8.5.1**　女性及び男性労働者の平均時給(職業、年齢、障害者別)
8-6 仕事における ジェンダーバランス	**4.5**　2030年までに、教育におけるジェンダー格差を無くし、障害者、先住民及び脆弱な立場にある子供など、脆弱層があらゆるレベルの教育や職業訓練に平等にアクセスできるようにする。	**4.5.1**　詳細集計可能な、本リストに記載された全ての教育指数のための、パリティ指数(女性/男性、地方/都市、富の五分位数の底/トップ、またその他に、障害状況、先住民、紛争の影響を受けた者等の利用可能なデータ)
8-8 子どもの貧困	**1.2**　2030年までに、各国定義によるあらゆる次元の貧困状態にある、全ての年齢の男性、女性、子供の割合を半減させる。	**1.2.2**　各国の定義に基づき、あらゆる次元で貧困ラインを下回って生活している男性、女性及び子供の割合(全年齢)

赤ちゃんの数が90万人以下の国とは

減り続ける赤ちゃんを産める年齢の女性

　2019年の日本の出生数（生まれた赤ちゃんの数）が90万人を切って86.4万人になったことは、大きく報じられました。想定よりも早く人口減少が進んでいることが分かったのです。1899年（明治32年）以降の統計でみると（上のグラフ）、80年代の後半からすでに、100年単位で初めてのレベルの赤ちゃんの少なさを経験し続けています（前年比で増えた年はポツポツとはあります）。

　この流れは今後も続くと考えられます。なぜなら、赤ちゃんを産める年齢の女性が、減り続けてゆくからです。どこかで反転させなければ日本という国はいずれなくなってしまうのでは？　という気持ちになる人もいるかもしれません。すでに、「消滅可能性都市」や「地域消滅」といった言葉もあるように、何の対策もせずに数字だけ将来に延ばしていけば、計算上はそうなります。ただ、1.2億人の人口がすぐにゼロになることはなく、2115年で3786万〜6683万人といった超長期の推計があります[i]。

　しかし、単に悲観的にみなくてもよいでしょう。世界各国の出生数を比べてみます（真ん中のグラフ）。出生数の多い国での赤ちゃんの数は、桁違いです。少子化が進んで赤ちゃんの数が減少傾向にあるとはいえ、中国のゼロ歳児は東京都並みの人数なわけです。

「少ないからこそできること」とは何か

　他方、欧州諸国と比べてみると、日本の方がまだまだ多いことが分かります。むしろ、日本の地方単位で見た方が近いような国も、たくさんあるのです（下のグラフ）。

　少ないからこそできることの一例を挙げてみます。新型コロナウイルス感染症が最初に拡大した2020年3月、学校の閉鎖をどうするかという対応では各国の個性が表れました。その中で、フィンランドでは、「休校」という表現を使わず、「対面授業の制限」をするとし、初めから遠隔学習などの代わりの手段により、学び続けるというスタンスを取りました。また、初期の段階では「無料の給食は止めない」としていましたし、その後も給食が必要な子どもには、きちんと対応策を講じれば給食を提供してもよい、ということを、国が発表していました。

　国のレベルでそこまできめ細かく言えるのか？　という印象も受けます。出生数でみると、日本でいえば中国地方と四国地方の間くらいのフィンランドです。小さいからこそ、リーダーが弱者に対して、細やかに発信することが可能だったのかもしれません。

i 国立社会保障・人口問題研究所「日本の将来推計人口（平成29年推計）」概要　参考表6

8-1-1 1899年から2019年までの日本の出生数

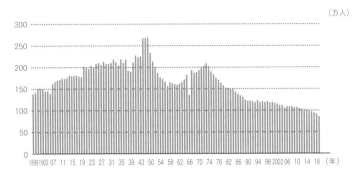

出所:厚生労働省 人口動態調査

8-1-2 出生数の多い国との比較(2019年または推計値)

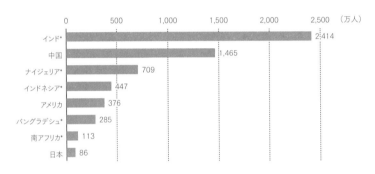

注:*の国は国連推計値
出所:各国統計局

8-1-3 日本、韓国、欧州諸国(2019年)と地方別(2018年)の出生数

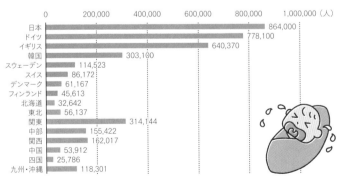

注:イギリスはイングランド及びウェールズのみ。日本国内は人口動態総覧、都道府県別
出所:各国統計局

教育費は安い方がよいのか

収入によって差が大きい「家庭での出費」

　「幼稚園から私立1,830万円」「高校まで、公立の3.3倍」といった記事[i]を、毎年年末に目にします。年度単位の、学習費調査の結果がまとまるからです。これは、サンプルとなった家庭で、子ども1人に1年間支出した学校教育費・学校給食費・学校外活動費を調べ、幼稚園〜高校までの15年分の数字を足し上げたものです。この結果をもとに、子どものいる家庭では教育費をどう捻出したらよいかなど、家計の参考にされているデータです。

　公立の小学生のために家計が支出した金額は、平均約32万円です。学校関連の決まった支出が3分の1、家庭の判断で決める支出が3分の2です。後者の21万円のうち、塾や家庭教師などの補助学習費に8万円、スポーツや芸術などの習い事に13万円使われています（上のグラフ）。家庭で決める部分の支出については、収入による差がつきます。上位と下位で約3倍の違いがあり、特に補助学習費での差が大きくなっています（真ん中のグラフ）。この調査からは、教育費の家計へのインパクトや、収入による違いが分かります。しかし、日本全体で教育に1人いくらかけているかという情報は目にしないように思います。

世界に遅れる「ICT投資」

　小学校から高校までの、教育機関における一人当たりの年間費用は、日本は2016年に約1万ドル（約105万円）と、OECD平均よりも9％高いです（下のグラフ横軸）。この金額には、塾や習い事など学校外の費用は含まれていません。大学等の高等教育の教育機関では一人当たり約1.9万ドル（約200万円）と、こちらはOECD平均よりも23％高くなっています。つまり、この金額での比較をすれば、教育費にお金をかけていないわけではありません。

　しかし、伸び率に注目してみると、10〜16年のあいだに、小中高校の一人当たり金額については4％でした（下のグラフ縦軸）。一人当たり金額の小さい国ほど伸び率は大きいですが、増やした国が多いです。

　日本の学校教育費がさほど増えなかった要素として、一つ想像できるのはICT投資の遅れです。生徒にICTを使った指導をする準備が十分だと答えた中学の教員は日本では28％でしたが、韓国や台湾では47〜48％という調査もあります[ii]。教育費について、まずどのような教育をするのか、次にそれを政府と家庭がどのように負担し合うのか、という順序で意識することが大切な気がします。

[i] 2019年12月19日付の「日本経済新聞朝刊」など　[ii] OECD「TALIS2018」（国際教員指導環境調査）より

8-2-1 公立小学生一人当たり年間支出

（%）

- 学校教育費 20
- 学校給食費 13
- 補助学習費 26
- その他学校外学習費 41

321,281円

出所：文部科学省　平成30年度子供の学習費調査

8-2-2 世帯の年間収入別・公立小学生一人当たり年間支出

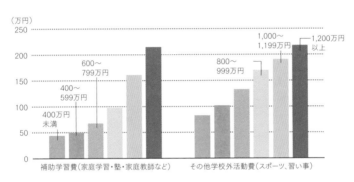

（万円）

補助学習費（家庭学習・塾・家庭教師など）　　その他学校外活動費（スポーツ、習い事）

- 400万円未満
- 400〜599万円
- 600〜799万円
- 800〜999万円
- 1,000〜1,199万円
- 1,200万円以上

出所：文部科学省　平成30年度子供の学習費調査

8-2-3 学校教育費の大きさと伸び率

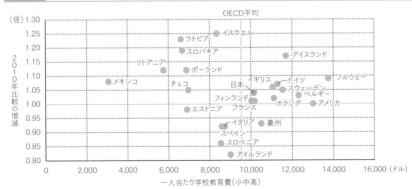

（倍）　2010年比較の増減

OECD平均

一人当たり学校教育費（小中高）（ドル）

ラトビア、イスラエル、スロバキア、リトアニア、アイスランド、ポーランド、メキシコ、チェコ、日本、イギリス、ドイツ、ノルウェー、スウェーデン、フィンランド、ベルギー、オランダ、アメリカ、エストニア、フランス、イタリア、豪州、スペイン、スロベニア、アイルランド

出所：OECD Education at a Glance 2019をもとに筆者作成

うちの子さえ合格できればよい日本人

優先順位が低い日本の「教育費」

　政府支出全体にみる教育費の割合をみると、2017年には7.8％と、38カ国中34位でした（上のグラフ）。上位には、チリ、メキシコ、ブラジルと、中南米諸国が並びます。次にGDP全体に占める公的教育費の割合でみると、17年には3.1％と、37カ国中36位でした（下のグラフ）。どっちも同じようなものじゃないかと思われるかもしれませんが、こちらでみると上位には、ノルウェー、スウェーデン、フィンランドと、北欧諸国が並んでいます。

　政府の中での予算の配分でみるか、経済全体の中での位置付けでみるか、いずれの方角からみても、日本は世界の中でも教育費を公的に、あるいは社会全体のものとして捉える優先度が低いのです。言い換えれば、教育を私的な投資と考えたお金の使い方をしています。このことは、日本人の考え方の特徴のようです。個人（家計）が負担することを嘆きつつも、むしろ保護者が子どもの教育費を負担するのは当然という考えが強いということも分析されています[i]。

過度な競争で減らない子どものストレス

　教育費は私的な投資であって、「うちの子」が成長し、やがて高収入を得るためにある、と大人たちが考えるとどうなるでしょうか。試験で1点でも高い点数を取って合格し、優秀な大学に入ること、が分かりやすい目標になることが想像できます。

　その結果起こっていることの一つが、子どもにとって、「過度に競争的な制度を含むストレスの多い学校環境」[ii]なのかもしれません。これは、日本も批准している「子どもの権利条約」の実施状況をチェックする機関の「国連児童の権利委員会」が、日本政府に対して繰り返し指摘していることです。

　また、競争の非常に厳しい学習環境は、少子化にもつながっています。日本や韓国、シンガポールでは、子どもの将来の成功のために学歴が必要と考え、親が塾や習い事にお金と時間を投じる教育熱が高く、一人当たりにかける教育費と労力が高いことで、2人目以降を産まないという見方があります。

　この教育熱を冷まさなければ、私立高校の授業料の実質無償化などにより教育費の家計負担が小さくなっても、その分が塾などにまわることが想像できます。すると、少子化対策としての効果は期待できず、子どものストレスも減らないことになります。

[i]中澤渉（2014）『なぜ日本の公教育費は少ないのか』勁草書房　[ii]国際連合児童の権利委員会（2019）「日本の第4回・第5回政府報告に関する総括所見

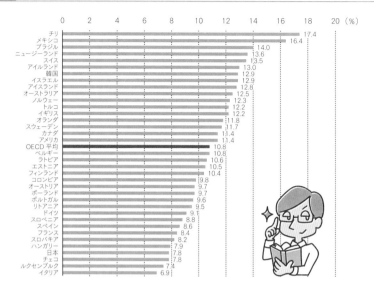

8-3-1　政府支出に占める教育費（大学まで）の割合（2017）

	(%)
チリ	17.4
メキシコ	16.4
ブラジル	14.0
ニュージーランド	13.6
スイス	13.5
アイルランド	13.0
韓国	12.9
イスラエル	12.9
アイスランド	12.8
オーストラリア	12.5
ノルウェー	12.3
トルコ	12.2
イギリス	12.2
オランダ	11.8
スウェーデン	11.7
カナダ	11.4
アメリカ	11.4
OECD 平均	10.8
ベルギー	10.8
ラトビア	10.6
エストニア	10.5
フィンランド	10.4
コロンビア	9.8
オーストリア	9.7
ポーランド	9.7
ポルトガル	9.6
リトアニア	9.5
ドイツ	9.1
スロベニア	8.8
スペイン	8.6
フランス	8.4
スロバキア	8.2
ハンガリー	7.9
日本	7.8
チェコ	7.8
ルクセンブルク	7.4
イタリア	6.9

出所：OECD　Education at a Glance 2020

8-3-2　GDPに占める教育費公的負担（大学まで）の割合（2017）

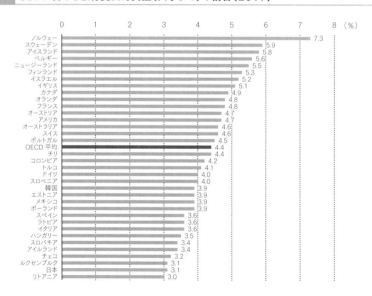

	(%)
ノルウェー	7.3
スウェーデン	5.9
アイスランド	5.8
ベルギー	5.6
ニュージーランド	5.5
フィンランド	5.3
イスラエル	5.2
イギリス	5.1
カナダ	4.9
オランダ	4.8
フランス	4.8
オーストリア	4.7
アメリカ	4.7
オーストラリア	4.6
スイス	4.6
ポルトガル	4.5
OECD 平均	4.4
チリ	4.4
コロンビア	4.2
トルコ	4.1
ドイツ	4.0
スロベニア	4.0
韓国	3.9
エストニア	3.9
メキシコ	3.9
ポーランド	3.9
スペイン	3.6
ラトビア	3.6
イタリア	3.6
ハンガリー	3.5
スロバキア	3.4
アイルランド	3.4
チェコ	3.2
ルクセンブルク	3.1
日本	3.1
リトアニア	3.0

出所：OECD　Education at a Glance 2020

残業をなくした分の時間の使い道

成人教育は必要なのか

　「学びなおす」「学び続ける」ことが注目されています。大学を卒業したら終わりなのではなく、その時々のキャリアに合わせて必要なことを学んだり、好きなことを深めたりすることです。「成人教育」とも呼ばれます。なかでも、ICT技術や、それをどのように使うことができるのかといったことは、変化が大きい分野です。学ぶ機会があるかないかは、仕事探しや、得られる収入にも関係してきます。

　25〜64歳までの大人が、公式または非公式な教育訓練を受けている割合をみると、日本は42％と、上位のスウェーデンやオランダの64％と比べると3分の2程度にとどまっています（上のグラフ）。公式な教育とは、学校や大学などで体系的に、専門の教師によって行われる教育を指し、非公式はそれ以外です。

　教育訓練を受けている人についてもう少し詳しくみてみると、日本でも先進国平均でも、仕事に関連する内容を会社負担で学んでいる、という人が最も多くなっています（真ん中のグラフ）。仕事上、必要な資格を取るための勉強や、外国語で仕事をするための語学の訓練、大学院などへの社員の派遣など、会社が予算を立てて実施するものです。仕事に関連するけれども費用は自己負担であるとか、完全に自分の好みでやっているケースとでは、2.5〜10倍も離れています。

男女で違う「学び」の分野

　日本でもOECD全体でも、男女差があります。日本の男性に、「仕事・会社負担」が多いという傾向が最も強いです。良くも悪くも、会社で用意されたメニューをこなしているイメージが思い浮かびます。日本の女性の場合、「仕事・会社負担」の内容は61％と比較的小さいですが、仕事以外の分野では、OECD平均よりも高い25％となっており、自分としてのスキルアップや、趣味や研鑽に資源を投じていることが分かります。

　では、学び続けるために必要な時間について考えてみます。日本では、1980年代には年間の総労働時間が2,000時間を超えていました。それが、労働基準法の改正（1988年）や、最近の働き方改革の推進（働き方改革関連法は2019年から順次施行）により、減少傾向にあります。

　15年を100とすると、19年には正社員もパートタイム労働者も減っていることが分かります（下のグラフ）。19年には全体平均1,644時間と、OECD平均を下回っています[1]。残業を減らせた分の時間で、休み、そして学ぶのがよさそうです。

[1] OECD「Hours worked」

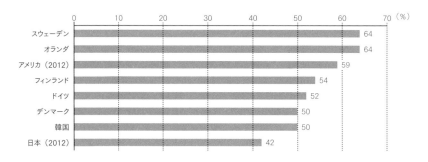

8-4-1 25〜64歳の人が公式または非公式な教育訓練を受けている割合（2016年）

スウェーデン 64
オランダ 64
アメリカ（2012） 59
フィンランド 54
ドイツ 52
デンマーク 50
韓国 50
日本（2012） 42

出所：OECD　Adult Education and Learning

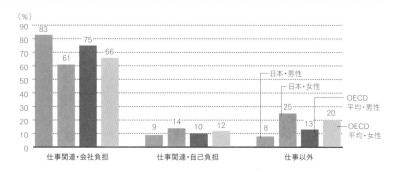

8-4-2 25〜64歳の人がどのように教育・訓練を受けているか（2016年）

仕事関連・会社負担　83　61　75　66
仕事関連・自己負担　9　14　10　12
仕事以外　8　25　13　20

日本・男性
日本・女性
OECD平均・男性
OECD平均・女性

出所：OECD　Education at a Glance 2019

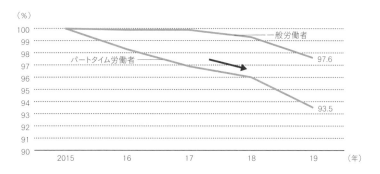

8-4-3 労働時間の減少

一般労働者　97.6
パートタイム労働者　93.5

出所：厚生労働省　毎月勤労統計調査

人を育てる仕事は高給取りになるべき

なぜ教師の給料は低いのか

　ここからは人を育てる側の人に注目しましょう。まずお金の話、先生たちのお給料についてみてみます。賃金としての年収だけでみると、上のグラフのようにパイロット、医師、大学教授が1,000万円以上の職種として並びます（開業医などの経営者は含まれていません）。小中高公立学校の教員は、550万〜600万円の間にあります。

　年収に関するデータをみる際に注意する必要があるのは、平均値をみる場合には、あわせて平均の勤続年数もみた方がよいということです。経験年数に合わせて給料が上がる仕組み（年功序列といいます）があるためです。経験年数が長いベテランがまとまって退職し、全体が若返る場合には、平均の年収もほぼ下がると言ってよいでしょうし、逆のことも言えます。

　公立学校の先生は公務員であるため、民間よりも安定した職業だとみられます。日本全体の賃金について調査している「賃金構造基本統計調査」では120以上にも細かく職種が分けられており、うち約50は年収300万円以下であることもあわせて考えると、仕事の種類としても決して報酬の安い仕事ではないのでしょう。

　しかし、民間の似たような平均年収の仕事に比べ、勤続年数が長いことも小中高の先生の特徴となっています。特に公務員では勤続年数が上がるほど年収も上がる仕組みが健在です。こうしてみると、先生たちの年収が高いとは言えなさそうです。

人手不足と賃金は関係するのか

　このことは、日本に限らず先進国でも課題として認識されています。人的投資の重要性が注目されるのに、「先生の仕事」が同等の大卒者に比べて低いという調査結果もあります（下のグラフ）。これはOECD平均値ですが、日本は該当データがないため反映されていません。1.0よりも高かったのは全体ではポルトガルとラトビアの2カ国のみ、中学・高校だけならドイツとなりました。

　また、保育士や幼稚園の教諭となると、日本では平均年収300万円台と、安いとみられる仕事の一つとなっています。このデータは正社員（一般労働者）を対象としていますが、それでも勤続年数が短い状況が分かります。保育所ではほぼ常時人手不足が嘆かれているように定着率が低く、なかなか経験を積んで「昇進」していくというイメージをつかみにくい職業になってしまっています。子どもが就学前にどのような環境で育つのかが、後年に大きな影響を及ぼすということも、最近よく分かってきたことであり、もっと投資を増やしてもよいように感じます。

仕事別の年収と勤続年数

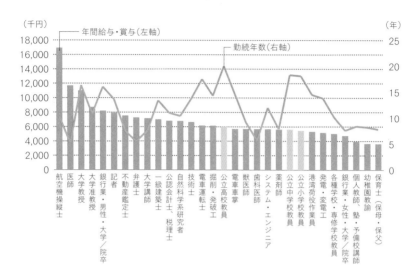

（千円）
年間給与・賞与（左軸）

勤続年数（右軸）
（年）

出所：厚生労働省　令和元年賃金構造基本統計調査をもとに筆者作成

同等の大卒者を1としたときの教職者の年収水準（OECD平均）

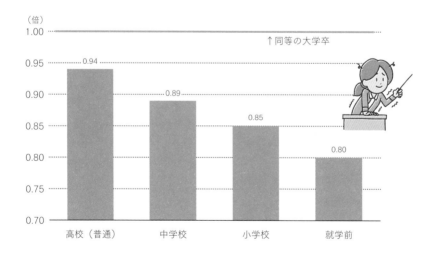

（倍）
1.00

↑同等の大学卒

0.95　0.94

0.90　　　0.89

0.85　　　　　0.85

0.80　　　　　　　0.80

0.75

0.70

高校（普通）　中学校　小学校　就学前

出所：OECD　Education at a Glance 2019

8-6　女性の仕事ほど、AI に負けない？

ロボットは「人間が暮らしやすく」なるためのもの

　ロボットやAI（人工知能）と仕事というと、いつまでにどれだけの仕事がなくなるからこんなスキルを身につけるべし、といった少々脅迫的な議論が生まれがちです。しかし、ロボット研究者が書いた記事を読むと、あくまでも人間が暮らしやすくなるための、最新の道具と考えたらよいというメッセージがあります。

　ロボットやAIがもっと助けてくれたらよくなりそうな仕事に、教育や介護といった分野があります。なぜなら、人に教えたり、人を助けたりすることが本来の目的であるにもかかわらず、事務処理など、そこと離れた部分に多くの時間が費やされているからです。先進国の中でも、日本の先生たちは、教室で子どもを教えている以外の時間の占める割合が大きくなっています（上のグラフ）。

　日本のように左下にプロットされた国々では、年間の所定労働時間に対して実際に教えている時間の割合が小さく、かつ、実際に教えている時間も短いことを示しています。つまり、教えること以外の事務や報告、資料作成の時間が長いのです。

　教えている時間に入るかどうかは微妙ですが、特に日本で求められているのは、先生が子どもと雑談をしたり、遊んだり、ケンカの言い分を聞いたり、授業前後のちょっとした時間なのではないかと思われます。

空いた時間で増えるコミュニケーション

　事務的な仕事にかける時間を、ICTやロボットの力を使って効率化することができれば、何が起こるか分からない子どもとの生の対話に、先生がさらに余裕を持って時間をかけられそうだと期待できます。こうした、カウンセリングのような時間を増やせたらよさそうなのは、医療や介護分野でも同じでしょう。

　先進国全体でみると、小学校で8割、中学校で7割、高校でも6割前後の教師が女性です。日本では小学校6割、中学校4割と比率は下がりますが、少なくとも小学校までは女性の多い職場です[i]。保育士は9割以上が女性ですし、看護師や保健師もそうです[ii]。家庭と仕事を両立している人がそこそこいるとすれば、いつも忙しい人が多いとも想像できます。

　AIやロボットを開発する側の仕事では男性がまだ多いですが（下のグラフ）、どんな職場でも今後「道具」をうまく使い、余裕を生み出せるようになれば、仕事がもっと面白くなるのではないかと思います。

[i] OECD（2019）"Education at a Glance 2019" Indicator D5.　[ii] 厚生労働省（2019）「平成 30 年衛生行政報告例の概況」

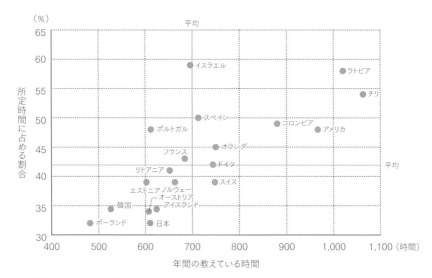

8-6-1 **教える時間の長さと所定時間に占める割合（2018）**

出所：OECD　Education at a Glance 2019

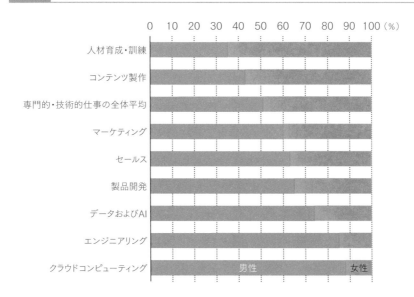

8-6-2 **専門的・技術的仕事の中でのジェンダーバランス**

出所：世界経済フォーラム　ジェンダーギャップ報告書2020

8-7　ボランティアなら人気のある「教える仕事」

低下傾向が続く採用試験の倍率

　公立学校の先生になるための採用試験の倍率をみると、ここしばらく、低下傾向が続いています。特に2019年には小学校の採用試験の倍率が2.8倍になり、過去39年間で3倍を切るのは2回目という珍しさだったことから注目されました[i]。19年の小学校の場合、47,661人が受験し、17,029人が採用されて、2.8倍となりました。倍率が前年より下がった理由としては、受験者数の減少よりもむしろ採用数の増加の影響が大きかったです。

　公立小学校の場合、約34万人の先生がいます（16年、校長や教頭を除く）[ii]。約1.2万人の定年退職を含む1.8万人が、離職しました。現役の先生では50代の割合が最も高く約3分の1を占めていることから、今後しばらく、定年を迎える人の多いことが続くでしょう。そのため採用者数は今後もさほど減らないのではないかと考えられます。

　ただ、小中高全体の受験者数でみても、12年からの7年間で約2割受験者数が減っています（上のグラフ）。この背景には、民間企業の採用意欲が旺盛な、学生にとっての「売り手市場」が続いていたこともありますが、教員という仕事の大変さが数字でもよく示されるようになったという側面もありそうです。

目立つ企業の社会貢献活動

　学校でも働き方改革が進められていますが、実際に毎月、どのくらい残業があるかという調査結果のまとめは、最小区分が「45時間以下」（真ん中のグラフ）。中学では最も高い割合が「45〜80時間以下」の39.1％になっていることからも、残業時間数が毎月1桁以下（ほとんどしない）といった先生はほぼ皆無なのではないかと思われます。

　こうしたなか、多少なりとも希望が見えるのは、学校向けのボランティアに参加しようという地域住民が一定以上おり、積極的に捉える学校が増えていたということ（下のグラフ）です。また、社会貢献活動で教育支援に取り組む企業も目立ちます。経団連のポータルサイトに登録している企業や業界団体も、71に上ります（2020年8月時点）。

　学校にとって学校外との協業には労力もかかりますが、地域からのサポートが小学校より減る中学以上では、専門性の高いテーマで協力したいと考える企業の力の上手な活用も注目ポイントでしょう。

---

[i] 文部科学省「令和元年度公立学校教員採用選考試験の実施状況について」第9表　[ii] 文部科学省「学校統計調査」平成28年度（確定値）結果の概要、表

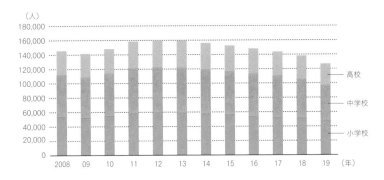

8-7-1　公立学校教員採用試験の受験者数

（人）

高校

中学校

小学校

2008　09　10　11　12　13　14　15　16　17　18　19　（年）

出所：文部科学省　令和元年度公立学校教員採用選考試験の実施状況（第1～9表）

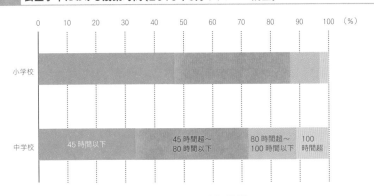

8-7-2　公立小中における残業時間（2019年6月のサンプル調査）

小学校

中学校

45 時間以下　　45 時間超～　　80 時間超～　　100
　　　　　　　 80 時間以下　　100 時間以下　 時間超

出所：文部科学省　令和元年度教育委員会における学校の働き方改革のための取組状況調査結果

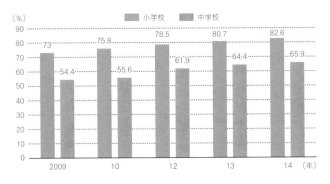

8-7-3　学校支援ボランティアが参加してくれている学校の割合

（%）　　　　　　　小学校　　中学校

出所：文部科学省　国立教育政策研究所　平成26年度　全国学力・学習状況調査

投資回収が期待できる子どもの貧困対策

7人に1人が相対的貧困に

　子どもの貧困率が、改善しません。2018年の調査では、新基準で14%という結果になりました（上のグラフ）。最も高かった12年の16.3%に比べれば下がっていますが、15年からの3年間では改善がなく、子どもの7人に1人が相対的貧困の状態にあります。

　国の子どもの貧困対策の大綱では、子どもの貧困の状態を示す指標について、上記の貧困率を含め、全部で39の指標を定めています。「生活保護世帯に属する子どもの高校・大学進学率」「食料または衣服が買えない経験」など多岐にわたります（下の表）。

　大綱は指標を定め、それらが改善するような施策が定められる、という構造になっています。施策は、教育、生活の安定、保護者の職業生活、経済的支援などに分類されます。

　しかしいまひとつ見えないのは、施策に投じられる資金と、その効果との関係性を検証しようとする姿勢です。教育の支援の目玉として、「幼児教育・保育の無償化の推進及び質の向上」がありますが、幼稚園や保育所にかかる費用の無償化については、むしろ高所得世帯に対する恩恵が多いという指摘がなされてきたこと[i]などへの返答はありません。

子どもの貧困はなぜ問題なのか

　また、内閣府らが設置した「子供の未来応援基金」では、企業等からの寄付が約11億円に達しています[ii]。この基金では、寄付金を原資に、子どもの貧困対策活動を行うNPO等を支援しています。慈善事業ではなく「未来への投資」としていますが、支援が子どもに及ぼすリターン（効果）が何かは示されていません。

　子どもが貧困から抜け出すことによって、大人になって所得が増え、政府に税金を払える人が増えて生活保護の負担が減るなどの効果が期待されています。対策の効果はあわせて約4兆円に上る[iii]とする研究もあります。また、子どもの貧困支援活動を「社会的投資」と位置付け、「リターン」の可視化に取り組む企業や中間支援組織もあります。これらを参考に、本当に子ども本人にとって何がよかったのか、足りなかったのかという投資対効果を意識した予算の使い方に期待したい分野です。

[i]例えば、池本美香（2018）「保育の費用負担の在り方 - 幼児教育無償化を考える -」　[ii]内閣府「第4回未来応援ネットワーク事業」（第2回）「子供の未来

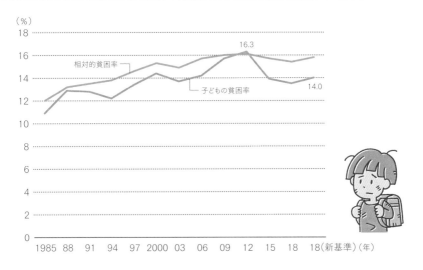

（％）

16.3

相対的貧困率

子どもの貧困率

14.0

1985　88　91　94　97　2000　03　06　09　12　15　18　18(新基準)(年)

注：2018年は新基準でも算出された。
出所：厚生労働省　2019年国民生活基礎調査

8-8-2 子どもの貧困に関する指標（抜粋）とその直近値

（％）

生活保護世帯に属する子どもの高等学校等進学率	93.7	電気料金の未払い経験(ひとり親世帯)	14.8
生活保護世帯に属する子どもの高等学校等中退率	4.1	食料が買えない経験(ひとり親世帯)	34.9
生活保護世帯に属する子どもの大学等進学率	36.0	ひとり親家庭の親の正規の職員・従業員の割合(母子世帯)	44.4
ひとり親家庭の子どもの就園率(保育所・幼稚園等)	81.7	ひとり親家庭の親の正規の職員・従業員の割合(父子世帯)	69.4
ひとり親家庭の子どもの進学率(中学校卒業後)	95.9	ひとり親家庭で養育費を受け取っていない子どもの割合(母子家庭)	69.8
スクールカウンセラーの配置率(小学校)	67.6	ひとり親家庭で養育費を受け取っていない子どもの割合(父子家庭)	90.2

出所：内閣府　子供の貧困対策に関する大綱2019年11月29日閣議決定

基金の現状等について」　※日本財団・三菱UFJリサーチ＆コンサルティング（2015）「子どもの貧困の社会的損失推計レポート」

おわりに

　日常的な仕事や勉強を離れて、一人ひとりの人間として、現在の環境や社会がどうなっているのだろう、と興味・関心を持ち、もう少し調べてみようかな、と思っていただけるような情報を、8つの分野で65の視点から、集めてみました。

　第1章では、ざっくりと「豊か」と言われていることについて、どういうことなのかを問いかけました。

　第2章では、まず、人に注目しました。「みんな一緒」に豊かな社会を作ることは悪いことではありませんが、「いろいろな人がいる」「いろいろな意見が出る」ことの大切さについて感じたいことを、取り上げました。

　第3章からは、社会や環境に関する課題をテーマ別に掘り下げていきました。

　第3章では健康、第4章ではまちづくり、第5章では環境です。いずれも、1つの章で8〜9項目を取り上げていますが、本当は、もっと広い範囲で考えるべき分野ばかりです。私の取り上げ方ではあれとあれが足りない、と思われた方もきっといらっしゃるでしょう。

　第6章では、何か新しいことを始めるときに必要な資源について、お金を中心に考えました。私は、大学を卒業して初めて社会人になったときは銀行に就職しました。就職活動当時、いろいろな産業があるなかで、お金の動きや働きというのがいったいどういうことなのか、一番謎に思ったことが、銀行に魅力を感じた

理由だったように記憶しています。お金には大変な力がありますが、この使い方は本当によく考えないといけないと思います。

　第7章では、こうしてあれこれ考えてみることの基盤となる平和について、ESGやSDGsの観点からいくつかの切り口を挙げています。平和の維持や紛争解決に詳しい方からみるとさらっとしすぎているかもしれませんが、平和は作られているものだ、ということを感じていただけたらと思います。

　第8章では、最後に再び、人について取り上げています。ここでは特に、次世代（子ども世代）自身と、その育成に携わる人の仕事についてみてみました。
　これを最後にした理由は、サステナビリティに関わる大きくて広い課題に取り組み、SDGsの目標を達成したり、さらにその先のサステナビリティを達成したりするためには、結局、「人の力」が一番大切だと考えたからです。誰かに言われたからやるのではない、あなた自身の内側からムクムクと湧き出てくるような興味・関心、それが一番大切です。

　この本の著者は私1人となっていますが、『SDGs入門』に続いて日経BP日本経済新聞出版本部の雨宮百子さんとのディスカッションが元になってできた本です。

　私自身も仕事を離れ、自分の生活時間のなかで気になるテーマを探し、文字にしていく過程では、友人や家族にもずいぶん助けてもらいました。ここで感謝を伝えます。

2020年12月　村上芽

参考文献

●国際連合・国際機関
・持続可能な開発ソリューション・ネットワーク（SDSN）　https://www.unsdsn.org/
・国連広報センター　https://www.unic.or.jp/
・世界保健機関（WHO）　https://www.who.int/
・世界銀行のデータページ　https://data.worldbank.org/
　　　　　World Development Indicators、Environment, Social and Governance Data　など
・経済協力開発機構（OECD）のデータページ　https://data.oecd.org/
　　　　　健康関連の年次報告書：Health at a Glance
　　　　　教育関連の年次報告書：Education at a Glance

●第1章
阿部彩・鈴木大介　［2018］『貧困を救えない国 日本』、PHP新書
農林水産省「日本の食料自給率」
国土交通省「建築物ストック統計」2018年公表分
格差についてのアンケート調査例：BIGLOBE（2019年9月）、日本財団（2020年4月）
熱中症についての実態調査例：社会医療法人健生会（2016年度）

●第2章
国連広報センター　「障害を持つ人々」
厚生労働省「令和元年　障害者雇用状況の集計結果」「平成30年度障害者雇用実態調査」
待機児童についての報道例：共同通信社（2020年3月20日）
文部科学省「学校教員統計調査」「学校種別　本務教員数　本務教員の年齢構成　本務教員の平均年齢の推移」2016年度
独立行政法人労働政策研究・研修機構
「労働政策研究報告書 No.183 ＮＰＯの就労に関する研究─恒常的成長と震災を機とした変化を捉える─」2016年5月31日
公務員採用制度研究会　「公務員試験総合ガイド」

●第3章
環境省　微小粒子状物質等専門委員会（第8回）「資料1」2018年3月28日
環境省　微小粒子状物質（PM2.5）に関する専門家会合　「最近の微小粒子状物質（PM2.5）による大気汚染への対応」2013年2月
環境省「地球温暖化が日本に与える影響について」添付資料2005年
林野庁「林野庁における花粉発生源対策」
厚生労働省「免疫アレルギー疾患研究10か年戦略　～「見える化」による安心社会の醸成～」2019年1月発表
厚生労働省「こころの耳　働く人のメンタルヘルス・ポータルサイト」
厚生労働省「自殺対策について」
厚生労働省「平成29年患者調査（傷病分類編）」
内閣府「平成30年版男女共同参画白書（概要版）」
内閣府「令和2年版少子化社会対策白書」
一般社団法人日本アレルギー学会　「アレルギーの病気とは」（一般の皆様へ）

欧州アレルギー臨床免疫学会（EAACI）
「Advocacy Manifesto Tackling the Allergy Crisis in Europe - Concerted Policy Action Needed」
公益社団法人日本産科婦人科学会 「医師臨床検証制度の到達目標・評価のあり方に関するワーキング・グループ」2015年資料
ユネスコ 「公共図書館宣言」1994年策定

●第4章
警察庁 「自転車の交通指導取締り状況」
内閣府 「平成14年度ソーシャル・キャピタル：豊かな人間関係と市民活動の好循環を求めて」
世界経済フォーラム 「The Global Risk Report 2020」

●第6章
アップル社決算資料。
出所：https://s2.q4cdn.com/470004039/files/doc_financials/2019/ar/_10-K-2019-(As-Filed).pdf
Mazzucato and Perez (2014). 「Innovation as Growth Policy: the challenge for Europe」

●第7章
アップル社の米国証券取引委員会提出資料。
出所：https://www.apple.com/supplier-responsibility/pdf/Apple-Conflict-Minerals-Report.pdf

●第8章
ウィーン人口研究所のZemanらのレポート（2017）
「Cohort Fertility Decline in Low Fertility Countries: Decomposition using Parity Progression Ratio」
日本経済団体連合会 「企業等の教育支援プログラム　ポータルサイト」

●上記に含まれない書籍
村上芽　［2019］『少子化する世界』、日本経済新聞出版社
村上芽、渡辺珠子　［2019］『日経文庫　SDGs入門』、日本経済新聞出版社
諸富徹　［2020］『新しい資本主義の形』、岩波書店
ブレイディみかこ　［2019］『ぼくはイエローでホワイトで、ちょっとブルー』、新潮社
ジュリー・Z・ミュラー著、松本裕訳　［2019］『測りすぎ　なぜパフォーマンス評価は失敗するのか?』、みすず書房
トニー・ワグナー著、藤原朝子訳　［2014］『未来のイノベーターはどう育つのか』、英治出版
ジェームズ・J・ヘックマン著、古草秀子訳　［2015］『幼児教育の経済学』、東洋経済新報社

■ 著者略歴

村上芽（むらかみ・めぐむ）

株式会社日本総合研究所　創発戦略センター　シニアマネジャー。
京都大学法学部卒業後、日本興業銀行（現みずほ銀行）を経て
2003年に日本総合研究所入社。ESG（環境、社会、ガバナンス）
投資の支援やSDGs、子どもの参加論などが専門。

図解SDGs入門

2021年1月6日　1版1刷
2021年3月1日　　3刷

著　　者	村上芽
	©Megumu Murakami,2021
発行者	白石賢
発　行	日経BP
	日本経済新聞出版本部
発　売	日経BPマーケティング
	〒105-8308 東京都港区虎ノ門4-3-12
装　幀	夏来怜
ＤＴＰ	朝日メディアインターナショナル
印刷・製本	シナノ印刷

ISBN978-4-532-32385-1